DIE GESCHICHTE DER DEUTSCHEN FLAKARTILLERIE 1935 — 1945

Horst — Adalbert Koch

Podzun — Pallas — Verlag

VORBEMERKUNG DER REDAKTION

Dieses Buch ist ein verkürzter Nachdruck des bereits 1954 im gleichen Verlag erschienenen Werkes "Flak" von Horst-Adalbert Koch. Laufende Nachfragen ließen es zwingend werden.

Wer sich eingehender über die verschiedenen Waffen und Ausrüstungen dieser über Luftwaffe, Heer und Marine verbreiteten Waffengattung unterrichten möchte, wird auf die ebenfalls im Podzun-Pallas-Verlag erhältlichen Hefte 27 (8,8 cm Flak) und 51 ("Flak auf dem Gefechtsfeld") der Reihe "Das Waffenarsenal" verwiesen. Sie sind sehr reich bebildert und preiswert (DM 6,80 pro Band).

Horst Scheibert

Podzun-Pallas-Verlag GmbH
Markt 9
6360 Friedberg 3
Druck und Einband: TIEN WAH PRESS
Singapur
ISBN-Nr. 3-7909-0166-0

INHALTSVERZEICHNIS

ANLAGEN

ZUM GELEIT

Dieser Beitrag zur Geschichte der deutschen Flakartillerie gibt in knapper, soldatischer Sprache, gestützt auf authentische Dokumente des Generalstabes, ein klares Bild von dem Werden, Aufstieg und Opfergang dieser Waffe.

Der erste Inspekteur und Schöpfer der modernen Flakartillerie, Generaloberst Günther Rüdel, hatte einst gesagt:

„Die besten Waffen, die beste Ausbildung, der beste Geist und der höchste Waffenstolz sollen immer die Wegweiser und die Feldzeichen der Flakartillerie sein!"

Dieses Wort wurde im Zweiten Weltkrieg durch Stäbe und Truppe verwirklicht.

Die Flakartillerie hat an allen Fronten und in der Heimat im Kampf gegen die im Verlauf des Krieges immer übermächtiger werdende Gefahr aus der Luft und gegen den Feind auf der Erde ihre Pflicht bis zum bitteren Ende getan. Sie war häufig in den Brennpunkten der Schlachten der Retter in höchster Not.

Vielen alten Flakartilleristen wird das Buch Zusammenhänge zeigen, die ihnen bisher unbekannt waren. Sie werden sich mit Stolz der großen Waffengemeinschaft bewußt werden, in der sie für ihr Vaterland kämpften und litten.

Den Gefallenen unserer Waffe setzen wir in unseren Herzen ein Denkmal des treuen und ehrenden Gedenkens!

General der Flakartillerie a. D.
Letzter Inspekteur der Flakartillerie

Traunstein / Oberbayern, 17. März 1954

Der Wiederaufbau 1935-1939

1. Auftakt 1935/36

Bei der Wiedereinführung der allgemeinen Wehrpflicht im März 1935 wurde die Öffentlichkeit, ebenso wie durch die Panzertruppe und starke Fliegerverbände, durch das Vorhandensein einer vollmotorisierten, modernen Flakwaffe überrascht. Die aus dem Verantwortungsbewußtsein für eine ausreichende Landesverteidigung in aller Stille geleistete Vorarbeit zeigte sich nun in hellem Licht. Zugleich wurde eine organisatorische Maßnahme eingeleitet, die der weiteren Entwicklung der deutschen Flakartillerie eine neue Richtung geben sollte: Die Flaktruppe wurde aus dem Verbande des Heeres herausgelöst und geschlossen in die neuerstandene Luftwaffe überführt. Damit wurde die feldgraue Uniform mit dem blaugrauen Tuch der Luftwaffe vertauscht, wobei in der Folgezeit nur die hellroten Kragenspiegel an die alte Stammwaffe, die Artillerie, erinnern sollten.

Parade der Flakartillerie am 20. April 1938

Es fehlte damals, übrigens in beiden betroffenen Wehrmachtteilen, weit und breit nicht an Worten der Kritik über diese Umstellung. Ohne die vielfachen, häufig stark gefühlsbetonten Argumente jenes Streits erneut ausgraben zu wollen, sei es gestattet, noch einmal auf die Frage der Zweckmäßigkeit dieses Entschlusses einzugehen, und zwar aus dem Blickwinkel der Truppe heraus und unter Würdigung der damaligen Gegebenheiten.

In der Zeit der Versailler Wehrbeschränkungen hatte das Heer, mehr oder weniger, nur theoretische Vorstellungen von den Einsatzmöglichkeiten moderner Luftstreitkräfte gewinnen können. Für die Entwicklung einer wirksamen, erdgebundenen Abwehr war das zu wenig. Der Ausbau der eigenen Verbände im Verein mit der Verbesserung, Erweiterung und Modernisierung der eigenständigen Waffengattungen (Panzertruppe, Heeresmotorisierung u. a.) nahm seine Kräfte so in Anspruch, daß wahrscheinlich die Aufstellung der Flakkräfte darunter gelitten hätte. Bis zu einem gewissen Grade wird diese Behauptung dadurch bewiesen, daß das OKH erst sehr spät (1938), und nur im unzureichenden Umfange, mit der Aufstellung von leichten Fla.-Verbänden im Rahmen der M.G.-Bataillone begann.

Die junge und materiell großzügig versorgte Luftwaffe hatte ganz andere Möglichkeiten, Angriffs- u n d Abwehrtaktik im modernen Luftkrieg zu erproben. Die Eingliederung der Flakartillerie in ihren Bereich als selbständige Waffengattung räumte dieser Waffe als nehmendem wie aber ebenso auch als gebendem Teil gebührenden Anteil am Luftwaffenaufbau ein.

Die geistige Verbindung zum Heer ging trotz des offenen Uniformkragens, in dem nur oberflächliche Kritiker einen Bruch mit alter deutscher soldatischer Tradition sehen konnten, schon deswegen nie ganz verloren, weil die Masse der Kommandeure und Batteriechefs im Heer groß geworden war; ein Faktor, der im späteren gemeinsamen Kampf immer wieder seinen Wert zum Nutzen beider Wehrmachtteile bewies. Im übrigen hatten beide, Heer wie Flakartillerie, auf der Erde zu kämpfen und fanden sich bei den Truppenübungen im Frieden häufig in den gleichen Verbänden zusammen. Die erdgebundene Flakartillerie wurde so ein Bindeglied zwischen dem stärker traditionsgebundenen Heer und seiner jungen Schwesterwaffe in der dritten Dimension, die ähnlich wie die neue Panzerwaffe revolutionär vorwärts strebte.

Für die Ausbildung der Flakartillerie war die Zieldarstellung durch Flugzeuge unentbehrlich. Durch die enge Verbindung zur Fliegertruppe im gleichen Wehrmachtsteil erwuchs aus der Forderung nach Zieldarstellung selbst in der Zeit eines treibhausartigen Aufbaus, in dem jeder Wehrmachtteil und jede Waffengattung vollauf mit sich selbst beschäftigt war, kein Problem; ließen sich doch vielfach Ausbildungsvorhaben der Flak u n d der Fliegertruppe leicht aufeinander abstimmen. Für die weitere Entwicklung der deutschen Flakartillerie war die Einordnung in die Luftwaffe, so gesehen, ein Gewinn.

Die grundlegenden Vorschriften legten den Kampfauftrag der Flakartillerie eindeutig mit dem Schwerpunkt auf die Luftzielbekämpfung fest: Abwehr von Luftangriffen und der Luftaufklärung bei Tag und bei Nacht und Unterstützung der eigenen Jagdflieger im Kampf um die Erringung und Sicherung der Luftherrschaft über der Front und der Heimat. Diese Aufgabe war durch den Abschuß des Luftgegners vor der Durchführung seines Auftrages zu erfüllen. Nur in Krisenlagen sollte sich die Flak am Artilleriekampf gegen Erdziele beteiligen, die im Leistungsbereich ihrer Waffen lagen.

Die einheitliche Entwicklung in einem Wehrmachteil unter gebührender Berücksichtigung der Belange des Heeres, das die Last des Kampfes auf der Erde zu tragen hatte, war für die überstürzte Aufbauzeit richtig. Nicht zuletzt wird das auch durch die Waffenerfolge der Flak im späteren Kriege bewiesen, wo sie sich, trotz anderer Uniform, immer wieder als verläßlicher Kamerad der Verbände des Heeres bewährte.

Im Herbst 1935 standen in den damaligen 5 Luftkreisen des Reichsgebietes unter „Höheren Kommandeuren der Flakartillerie", neben der Flakartillerieschule Rerik mit einer Lehrabteilung, 15 schwere und 3 leichte Flakabteilungen (mot.) zur Verfügung. Die Inspektion der Flakartillerie (L.In. 4) (Gen. R ü d e l) im Oberkommando der Luftwaffe gab in der Folgezeit dem weiteren Ausbau Richtung und Ziel. Bereits 12 Monate später, im Oktober 1936, hatte die Zahl der Einheiten nahezu verdoppelt werden können.

2. Erster Einsatz in Spanien 1936—1939

Inzwischen waren im Südwesten Europas Ereignisse angelaufen, die auch die deutsche Flakartillerie nachhaltig beeinflussen sollten. Gegen eine hoffnungslose Übermacht hatte sich im Juli 1936 in

Spanien General Franco, gestützt auf wenige zuverlässige Verbände, den roten „Volksfront"-Truppen, die das Land überschwemmten, entgegen geworfen. Der Ruf nach Waffenhilfe fand in Berlin Widerhall. Neben Kommandos aus Heer und Kriegsmarine wurden vor allem starke Freiwilligen-Verbände der deutschen Luftwaffe ab November 1936 auf nationalspanischer Seite eingesetzt. Die „Legion Condor" unter General der Flieger Sperrle entstand.[1]) In ihren Reihen durfte die Flakartillerie nicht fehlen. Zunächst waren es nur ein kleines Ausbildungskommando für leichte Flak unter dem Wachtmeister Hakenholt und eine komplette 8,8 cm-Batterie unter Oberleutnant Aldinger, die den Waffenruhm der deutschen Flak unter spanischem Himmel begründeten. Schnell folgten weitere Batterien, die in der schließlich 9 Batterien umfassenden Flak-Abteilung F 88 zusammengefaßt wurden und überall dort in Erscheinung traten, wo es in Spanien hoch herging.

Anfangs fanden die Batterien, getreu ihrem allgemeinen Kampfauftrag, ausschließlich in der Luftabwehr Verwendung. Der Mangel an Artillerie in Francos Verbänden und der Umstand, daß die roten Piloten nach 61 Abschüssen die Flakstellungen ausflogen, ließ den Erdeinsatz mehr und mehr in den Vordergrund rücken. So wurde in Spanien erstmalig der Beweis dafür erbracht, daß eine deutsche Flakartillerie geschaffen war, die Mehrzweckwaffe sein konnte und wollte. Die in diesem Einsatz gewonnenen Erfahrungen waren von unschätzbarem Wert für den weiteren friedensmäßigen Aufbau und den Kampfeinsatz im späteren Weltkriege.

Die Flak bewährte sich in Spanien als „Mädchen für Alles". Der Erdeinsatz in vorderster Linie zur Unterstützung der Infanterie, das Niederkämpfen von Punktzielen aller Art im direkten Richtverfahren und endlich die Panzerbekämpfung wurden von ihr genau so gemeistert wie die Abwehr von Schlacht- und Kampfflugzeugen. Zeitzündergranaten mit hochgezogenem Sprengpunkt und Panzersprenggranaten zerschlugen aus haargenau schießenden Schnellfeuerkanonen, erstmalig im Einsatz, Bereitstellungen, Angriffe, B-Stellen und Widerstandsnester aller Art. Wo die Flak stand, kam auch in der Abwehr kein Roter durch.

---

1) Vorläufer des Kommandos der „Legion Condor" war der Sonderstab W (Gen.d.Flg. z. V. Wilberg). Nach Bildung der Legion waren nacheinander deren Befehlshaber Gen.d.Flg. Sperrle, Gen.d.Flg. Volkmann und Gen.Maj. Frhr. von Richthofen.

Im kleinen Rahmen wurde all das im scharfen Gefecht durchexerziert, was für den Flakartilleristen zum täglichen Brot werden mußte. „Flak nach vorn!" erscholl es beim Angriff gegen Malaga, in den harten und wechselvollen Stellungskämpfen im Raume um Madrid, bei den Durchbruchskämpfen um die asturischen Bergstellungen und bei der Abriegelung und Säuberung des Einbruchsraumes um Brunete. Genau so war es beim Stoß auf Santander und Gijon, beim Durchbruch aus dem Ebrobogen zur Mittelmeerküste, bei der Abwehr der roten Gegenoffensive an der katalonischen Front 1938 und schließlich auch bei den Endkämpfen im Raume Madrid — Toledo — Cartagena — Valencia.

Nach der Rückkehr der siegreichen F 88 in die Heimat im Juni 1939 erhielt das Flakregiment 9 (Nürnberg — Fürth — Regensburg) als Traditionstruppe den Ehrennamen „Legion Condor" mit einem entsprechenden Ärmelband. Die Soldaten der Condor-Flakeinheiten traten als willkommene, kriegserfahrene Ausbilder genau so wie die vorher zurückgekehrten Ablösungen zu ihren Stammformationen zurück. Fast jede der aktiven Flakabteilungen zählte bei Kriegsausbruch eine ansehnliche Anzahl von Soldaten aller Dienstgrade in ihren Reihen, die jüngste Fronterfahrung besaßen. Für die junge, fieberhaft ausgebaute Truppe war das von großem Wert.

3. Der Ausbau in den Jahren 1937—1939

a) Luftwaffe

Bereits mit der 2. Aufstellungswelle im Herbst 1936 deutete sich der organisatorische Rahmen an, den die Flakartillerie erhalten sollte. Die Vermehrung der Abteilungen machte die Einschaltung von Stäben zwischen diesen und den Höheren Kommandeuren erforderlich, umsomehr, als auch für den Fall einer Mobilmachung für die Zusammenfassung der Flakartillerie im Feldluftschutz und in der Heimatluftverteidigung weitere Stäbe benötigt wurden. So entstanden die ersten sechs Regimentsstäbe, die in erster Linie Ausbildungs- und Verwaltungsaufgaben zu erfüllen hatten. Taktische Einheit sollte die Flakabteilung[1]) bleiben, die mit ihren 3 schweren 8,8 cm-Kanonen-Batterien, einer mittleren 3,7 cm-Batterie und einer schweren Scheinwerferbatterie in Dreiecksform so um das Schutzobjekt einzusetzen war, daß das wirksamste Abwehrfeuer von möglichst mindestens zwei der schweren Batterien den anfliegenden Kampfverband noch vor Beginn der sogenannten Bombenwurfzone, d. h. vor dem Moment des Ausklinkens der auf der Linie eines Parabelastes herabstürzenden Bomben, treffen konnte.

Zum Schutz der eigenen Feuerstellung gegen Tiefangriffe wurde allen schw. Batterien später ein leichter Flaktrupp mit zunächst 2 2 cm Flak 30 beigegeben. Daneben waren für die Tieffliegerabwehr an der Front und in der Heimat leichte Flakabteilungen geschaffen, die je 3 Batterien mit je 12-2 cm Flak 30 umfaßten. Es war vorgesehen, aus je einer der vorstehend beschriebenen Flakabteilungen ein Regiment zu bilden, eine Planung, die nie zur vollen Durchführung kam, weil sich unter dem Einfluß der Erfahrungen in Spanien 1938 andere taktische Anschauungen über den Einsatz der Flakkräfte durchsetzten.

Die taktischen Grundsätze für die Luftzielbekämpfung selbst änderten sich bis in die ersten Kriegsjahre hinein nur unwesentlich. Die sogenannte Flakhypothese, die Grundlage für das Gebiet der Flakschießlehre, ging von der Realität der damaligen Bombenzielgeräte aus: Wollte ein Kampfflugzeug seine Bomben ins Ziel bringen, so mußte es in jenen Tagen, je nach der Angriffshöhe und der Größe des Zieles auf der Erde, die letzten 30 — 60 Sekunden vor Auslösung der Bombenlast geraden Kurs ohne wesentliche Höhenänderung fliegen. Auf dieser Hypothese beruhte auch die Konstruktion der bei den schweren Batterien zur Schußwertermittlung eingesetzten Feuerleitgeräte (Kdo. Ger. 36 und Kdo. Hi. Ger. 35). Der kritische Zeitraum für das im Bomberstrom einzeln, entweder zum konzentrischen oder im Sektoren-Angriff, anfliegende Kampfflugzeug war bei Eigengeschwindigkeiten von 70 — 100 Metersekunden (250—350 Stundenkilometer) in diesen 30—60 Sekunden gegeben. In diesen Zeitraum war das massierte Feuer der schweren Batterien zu legen; sie hatten in ihm ihre besten Treffaussichten.

1) Flakabteilungen, in denen schwere und leichte Batterien zusammengefaßt waren, waren als „gemischt" bezeichnet. Später setzte sich mehr und mehr die Bezeichnung schwere Flakabteilung hierfür durch, die jedoch nicht mit den reinrassigen schweren Abteilungen, die nach der Umorganisation der Flakartillerie 1942/43 für Einsatz in der Heimat und im rückwärtigen Gebiet bestimmt waren, zu verwechseln sind.

Den 18 neuen Abteilungen (13 gemischte und 5 leichte) der 2. Aufstellungswelle folgte mit der Rekruteneinstellung Oktober 1937 die dritte Welle. Sie umfaßte den Stab eines weiteren Höheren Kommandeurs im neugebildeten Luftkreis VII (Braunschweig), 5 neue Regimentsstäbe, 6 gemischte, 9 leichte und beim neuen Flaklehrregiment, das neben der Flak-Lehr- und Versuchs-Abteilung der Flakartillerieschule für das Kommando der Lehrtruppen der Luftwaffe aufgestellt wurde, eine erste reinrassige Scheinwerfer-Abteilung.

Bei dieser 3. Aufstellungswelle der Flakartillerie zeichnete sich bereits ein grundlegender Wandel der deutschen Auffassungen über die Rolle der Luftwaffe in der Kriegführung ab. Hatten anfangs die Douhet'schen Gedanken von der großräumigen, operativen Luftkriegsführung mit Kampfflugzeugen den Aufbau der Luftwaffe bestimmt, wobei ihr erster Generalstabschef, General der Flieger Walther W e v e r , der am 3. 6. 1936 den Fliegertod fand, zielbewußter Vorkämpfer gewesen war, so setzte sich nun mehr und mehr die Auffassung von der taktischen Luftkriegsführung zur unmittelbaren Unterstützung des Heeres durch. Das konnte, so glaubte man, nur durch Jagd-, Schlacht- und Sturzkampfflugzeuge erreicht werden. Wesentliche Rolle bei der Durchsetzung dieser Auffassungen spielte die Tatsache, daß sowohl G ö r i n g als auch der Generalluftzeugmeister, Gen.d.Flg. U d e t , und andere prominente Offiziere in der Luftwaffenführung im Ersten Weltkrieg Jagd- und Schlachtflieger gewesen waren. Sie trauten nach ihren Kriegserfahrungen dem Horizontalbomber keine Treffgenauigkeit zu. Hinzu kam, daß man auf gewisse Erfahrungen hinwies, die in Spanien gemacht wurden, wobei jedoch übersehen wurde, daß dort auf beiden Seiten, teilweise mit Rücksicht auf die Zivilbevölkerung, der operative Kampffliegereinsatz begrenzt blieb und meist mit veralteten Baumustern geflogen wurde.

Bei der Organisation der Flakartillerie konnte eine grundlegende Wandlung der Auffassungen über die Luftkriegführung nicht ohne Einfluß bleiben. Daraus erklärt sich die verhältnismäßig erheblich stärkere Vermehrung der leichten Flakeinheiten, die auch in den folgenden Jahren festzustellen ist. Die Bildung einer ersten Scheinwerfer-Abteilung beim Flaklehrregiment ging auf Wünsche der Truppe und auf Erfahrungen in Spanien zurück. Taktische und Ausbildungs-Probleme ließen es angezeigt erscheinen, die Scheinwerfer-Batterien aus den Kanonenabteilungen herauszulösen, wo sie, als Spezialeinheiten für den Nachteinsatz, oft als Fremdkörper empfunden wurden. Die Forderung auf Herauslösung wurde nachhaltig durch den Hinweis auf den Erdkampfeinsatz der Kanonenbatterien im Ernstfall unterstützt.

Als Sonderformation, äußerlich durch weiße Kragenspiegel gekennzeichnet, trat 1937 auch das Luftwaffen-Jäger-Regiment „Hermann Göring" als neuer Verband mit einer aus dem Rahmen fallenden Gliederung zur Flakartillerie. Das Regiment war 1935 als Landespolizeigruppe „General Göring", deren Vorläufer die Landespolizei-Abteilung z.b.V. Wecke und vorher die 1933 aus der Preußischen Schutzpolizei aufgestellte Schutzpolizeiabteilung z.b.V. (mot) Wecke gewesen waren, geschlossen in die Luftwaffe überführt worden und versah den Wach- und Ehrendienst in der Reichshauptstadt. 1937, als Flakregiment, umfaßte es:

Regimentsstab

I. (schw.) Abt. (3—8,8 cm und 1—2 cm Bttr.)

II. (le.) Abt. (3—2 cm Bttr.)

III. (Wach-) Batl. (2 Wach- und 1 Krdsch.-Komp.,. Reiter-Zug)

IV. (Fallschirmschützen-) Batl. (3 Schtz., 1 M.G., und 1 Pion.-Komp.)

Das Fallschirmschützen-Bataillon wurde im März 1938 I./Fallschirm-Jäger-Rgt. 1.

Die Gliederung der Flakregimenter wich 1937 teilweise von der ursprünglich vorgesehenen Norm ab. Die neuen Abteilungen II./3, II./9, II./12, II./13 und II./24 wurden nicht mehr als leichte, sondern als gemischte mit einer Gliederung wie bei den I. Abteilungen aufgestellt. Auch hier deutete sich eine neue Entwicklung an, die bei der großen Umorganisation der gesamten Luftwaffe im Jahre 1938 abgeschlossen wurde.

Als neue Einheiten traten ferner erstmalig schwere Flakstammbatterien in Erscheinung. Sie bildeten Stämme für geplante weitere gemischte Friedensabteilungen bzw. für Mob.-Aufstellungen zum Heimatluftschutz.

Innerhalb der schweren Abteilungen wurden aus taktischen Erwägungen teilweise die 3,7 cm-Batterien auf 2 cm Flak 30 umgerüstet oder im Austausch an leichte Abteilungen abgegeben, wo sie von nun an, ab 1943 wieder als mittlere Flak klassifiziert, ihre Heimat fanden.

Der erste und letzte Inspekteur der Flakartillerie; Generaloberst Rüdel und General der Flakartillerie v. Axthelm (rechts).

Parade des Regiments "General Göring" vor Prinz Paul von Jugoslawien, Berlin 1939

Ein schweres Flakgeschütz (8,8 cm) auf dem Marsch, 1936

Nach der Teilnahme starker Verbände der Flakartillerie am Österreich- und am Sudeteneinmarsch fiel die vierte Erweiterungswelle der Flakartillerie (Rekruteneinstellung Herbst 1938) mit einer grundlegenden Umorganisation der gesamten Luftwaffe zusammen. Dadurch erhielt der Aufbau der Flakartillerie eine neue Form.

Zusammen mit der Auflösung und Umgliederung der 6 Luftkreise wurden auch die bisherigen Höheren Kommandeure der Flakartillerie als Führungsstäbe der Flak abgeschafft. Das Reichsgebiet wurde unter Einschluß der eingegliederten österreichischen und sudetendeutschen Gebiete in 10 Luftgaue eingeteilt, in deren Stäben Generalmajore oder Obersten als Fachreferenten für die Flakartillerie eingesetzt wurden. Die Luftgaukommandos wurden ihrerseits den neugeschaffenen Luftwaffengruppenkommandos 1—3 bzw. den Luftwaffenkommandos „Ostpreußen" und „Österreich-Ostmark" unterstellt.

Die Luftgaukommandos (L.G.Kdo.) waren die territorialen Kommandobehörden für die gesamte Bodenorganisation und die Ausbildungsregimenter der Fliegertruppe; sie waren darüber hinaus verantwortlich für die Luftverteidigung ihres Bereichs durch Jagdflieger und Flakartillerie, die Versorgungseinrichtungen und die Nachrichtenverbindungen der Luftwaffe unter Einschluß der neugebildeten Luftgau-Nachrichten-Regimenter. In Zusammenarbeit mit der vom Heer betreuten Wehrersatzorganisation sorgten sie ebenfalls für den Personalnachschub der Luftwaffen-Verbände.

In einigen als besonders luftgefährdet angesehenen Gebieten des Reiches wurden gleichzeitig besondere Luftverteidigungskommandos gebildet. Sie standen unter dem Befehl der Kom. Generale und Befh. im Luftgau und waren im Rahmen ihrer Aufgabe auch für den taktischen Einsatz der in ihrem Bereich zur Verfügung stehenden Flakkräfte verantwortlich. Beim Befehlshaber der Luftverteidigungszone „West" wurde darüber hinaus die Dienststelle des „Höheren Kommandeurs der Festungs-Flakartillerie III" geschaffen.

Überall dort, wo keine Luftverteidigungskommandos gebildet wurden, trat die Flakartillerie mit ihren Regimentsstäben unmittelbar unter den Befehl des Kdr. Gen. im Luftgau.

In der Ostmark waren inzwischen die 2 leichten und die schwere Flakabteilung des vormaligen österreichischen Bundesheeres, teilweise zunächst mit ihren Örlikon-, Bofors- und Skoda-Geschützen, eingegliedert worden.

Die Flakregimenter sollten nun einheitlich aus 3 Abteilungen bestehen, von denen 2 gemischte und die III. Abteilung eine Scheinwerfer-Abteilung sein sollten. Insgesamt waren das 3 Stabs-, 6 8,8 cm-, 4 2 cm- und 3 Scheinwerfer-Batterien neben je einer Ergänzungsbatterie der Abteilungen. Diese Planung konnte, wie im einzelnen dem Anlagenteil zu entnehmen ist, bis Kriegsbeginn vielfach nicht voll ausgeführt werden. Aus den bisherigen II. (le.) Abteilungen verschiedener Regimenter wurden unter Hinzunahme der 3,7 cm-Batterien der bis 1938 anders gegliederten gemischten Abteilungen selbständige leichte Flakabteilungen in der Nummerngruppe 71—94 gebildet. Lediglich das Flak-Lehr-Regiment und das Regiment „General Göring" behielten ihre leichten Abteilungen, wobei letzteres noch eine zweite leichte Abteilung aufstellte. Die leichten Abteilungen sollten nun neben je einer Stabs- und Ergänzungs-Batterie einheitlich 1 3,7 cm- und 2 2 cm-Batterien umfassen, was, mit Ausnahme der ostmärkischen Abteilungen, auch vor der Mobilmachung 1939 erreicht wurde.

Gleichzeitig mit den Grenztruppen beim Heer begann die Luftwaffe im Herbst 1938 mit der Aufstellung von 5 Festungs-Flak-Abteilungen für den Einsatz in den Westbefestigungen. Diese Abteilungen sollten einheitlich aus je 1 Stabs-, 3 8,8 cm-, 1 3,7 cm-, 1 2 cm- und 1 Flakscheinwerfer-Batterie bestehen, erhielten aber ausnahmslos ihre volle Stärke erst zum Zeitpunkt der Mobilmachung im Spätsommer 1939.

Einige der schweren Flakstammbatterien wurden zu gemischten Abteilungen ausgeweitet und dafür neue in anderen Standorten für spätere Aufstellungsprogramme gebildet. Als Versuchstruppe entstand im Herbst 1938 auch eine Ergänzungs-Luftsperr-Batterie als Stammformation für die nach britischem Vorbild geplanten Ballon-Sperreinheiten. Die Batterie wurde noch vor der Mobilmachung zur Ergänzungs-Luftsperr-Versuchs- und Lehrabteilung erweitert.

Insgesamt brachte die vierte Aufstellungswelle der Flakartillerie folgende Verstärkungen:

9 Regiments-Stäbe (einschl. 2 Erkundungsstäbe im Westen)
10 gemischte Abteilungen unter Auflösung von 3 le. Abt.
5 gemischte Festungs-Flak-Abteilungen
15 Scheinwerfer-Abteilungen.

Ein Vergleich der Zahl der vorhandenen Batterien zeigt, daß der prozentual stärkste Anteil an der Vermehrung den leichten und mittleren Batterien sowie den Flakscheinwerfereinheiten zufiel.

Im März 1939, nach der Besetzung des Protektorats Böhmen-Mähren, wurden die Luftwaffengruppenkommandos bei unveränderten Aufgaben in Luftflottenkommandos umbenannt und gleichzeitig das Luftwaffenkommando „Ostmark" unter Einbeziehung des größten Teiles des Protektorats, der Schutzzone in der Slowakei und des bisher der Lw.Gr. 1 unterstellten L.G.Kdo. VIII (Schlesien außer Regierungsbezirk Liegnitz) zum Luftflottenkommando 4 in Wien erweitert. Im Rahmen dieser Umstellungen wurde auch ein neues Luftverteidigungskommando in Wien aufgestellt.

Der Kriegsausbruch am 1. 9. 1939 verhinderte die friedensmäßige Durchführung des Vermehrungsprogramms Herbst 1939. Einige der für diesen Zeitpunkt geplanten Neuaufstellungen sind aber im Frühjahr und Sommer, teilweise nur mob.-mäßig, vorweg genommen worden. Einzelheiten hierfür sind im Anlagenteil nachgewiesen.

Durch die einheitliche Steuerung des Aufbaus der jungen Waffengattung in e i n e m Wehrmachtsteil war es in knapp vier Jahren gelungen, eine für damalige Verhältnisse hervorragend ausgerüstete mot. Flakartillerie von ansehnlicher Stärke zu schaffen: Die im Oktober 1935 als Grundlage vorhandenen Einheiten waren in dieser knappen Zeit, trotz Spanieneinsatz und grundlegendem Wandel der deutschen Auffassungen von der Luftkriegsführung, fast vervierfacht worden. Die zahlreichen Ergänzungseinheiten hatten eine bedeutende Personalreserve für umfangreiche Mob. Aufstellungen ausgebildet, und die Ausrüstung war durch modernere Feuerleitgeräte (Kdo.Ger. 36 und Kdo.Hi.Ger. 35) und neue Waffen (2 cm Flak 38, 3,7 cm Flak 36/37 und 8,8 cm Flak 36/37) wesentlich verbessert worden. Vor allem aber hatte man bei Ausrüstung und Ausbildung die Voraussetzung für den mobilen Einsatz beim Heere (schnelle Truppen) in einem Ausmaß gefördert, der im Vergleich zu allen anderen großen Armeen jener Tage beispiellos dastand.

Nach Unterlagen aus dem Generalstab der Luftwaffe — Generalquartiermeister — war die Iststärke des jüngsten Wehrmachtsteiles im Sommer 1939 auf 373 000 Offiziere, Unteroffiziere und Mann angewachsen, davon entfielen

auf die Flieger- und Fallschirmtruppe	208 000 Mann
auf die Flakartillerie	107 000 Mann
und auf die Luftnachrichtentruppe	58 000 Mann.

b) Heer

Im Bereich des Heeres hatte sich inzwischen die Erkenntnis durchgesetzt, daß der Truppenluftschutz unter Einsatz von M.G. allein nicht wirksam durchzuführen war. Die eigene Luftüberlegenheit, mit der damals allgemein gerechnet wurde, konnte die absolute Luftherrschaft nur dann gewährleisten, wenn über der eigenen Front ein durch Dunkelheit und Wetterverhältnisse nicht unterbrochener Luftschirm gebildet wurde. Die dazu benötigten zahlreichen Jagd- und Zerstörer-Verbände würde aber auch die stärkste Luftwaffe nur vorübergehend im wichtigsten Operationsraum bereitstellen können.

Bereits vor 1935 war in der deutschen militärischen Fachpresse immer lauter der Ruf nach Ausrüstung der Erdkampftruppe mit überschweren Maschinengewehren für den Truppenluftschutz erklungen. Erst im Herbst 1938 wurde gegen erhebliche Widerstände aus Kreisen der Luftwaffenführung begonnen, die bestehenden M.G.-Bataillone teilweise auf 2 cm Flak 38 umzurüsten. Erst in den letzten Kriegsjahren, und viel zu spät, erhielten die Divisionen und Regimenter ihre eigenen Fla.-Einheiten, wobei auch dann die Ausstattung nur bei den Panzer- und Panzergrenadier-Divisionen halbwegs dem Notwendigen entsprach.

Bei den aktiven Verbänden des Heeres waren bis zur Mobilmachung insgesamt 8 M.G.-Bataillone (Nummern ab 31) auf 2 cm Flak 38 umgerüstet worden. Dazu kamen einzelne Kompanien bei den darüber hinaus vorhandenen 14 M.G.-Bataillonen. Als heereseigenes Ausbildungs- und Erprobungszentrum für Fragen des Truppenluftschutzes war die Truppenluftschutzschule in Döberitz (später Altwarp i. Pom.) mit einer Lehrkompanie geschaffen worden. Diese Verbände wurden unter Mitwirkung der Luftwaffe planmäßig für den Feldluftschutz ausgebildet und führten die notwendigen Scharfschießen gegen Luftziele auf den Flakartillerieschießplätzen oder auf Truppenübungsplätzen durch. Man muß in ihnen die Stammformationen für die während des Krieges unter Mitwirkung der Artillerie gebildeten Heeres-Flak sehen, die in der Luftabwehr und im Erdeinsatz Erfolge errangen, die sich würdig neben die der mot. Flakartillerie der Luftwaffe stellen können.

c) **Kriegsmarine**

Bei der Kriegsmarine verlief der Aufbau nicht so stürmisch wie bei Heer und Luftwaffe, obwohl sich die Marine in der Frage der Unterhaltung eigener Flakkräfte und der Verantwortung für die Erdabwehr von Luftangriffen gegen ihre eigenen Anlagen und Stützpunkte leichter und schneller durchsetzen konnte. Dabei sprach die Tatsache entscheidend mit, daß bei Luftangriffen gegen die Liegehäfen der Flotte die Bordflak zwangsläufig mit den zu Lande eingesetzten Abwehrbatterien zusammenwirken mußte. Hinzu kam, daß auch nach 1920 die Reichsmarine sich weit mehr um die Flakentwicklung kümmern konnte, als es unter den Bestimmungen des Versailler Vertrages dem Heer möglich war.

1935 erhielten die 6 Marine-Artillerie-Abteilungen eine zweite Flak-Kompanie, die das Personal für die Besetzung der Flakstellungen um die von der Kriegsmarine unterhaltenen Küstenbefestigungen auszubilden hatten Die einheitliche Ausbildung wurde durch die Marine-Flugabwehrschule (bei der Küstenartillerieschule in Swinemünde) gewährleistet.

Die Marineleitung hatte sich darüber hinaus um eine möglichst starke Ausrüstung der schwimmenden Einheiten mit Flakwaffen bemüht und Lafettierungen entwickeln lassen, die auch bei Seegang eine wirksame Abwehr von Bord aus gestatteten. Auf eine gründliche Ausbildung der Flakbedienungen war stets größter Wert gelegt worden; die Ergebnisse aller dieser Bemühungen stellten sich in den hervorragenden Abschußerfolgen dar, die die Bordflak der Kriegsmarine vom ersten Tage des späteren Krieges an verzeichnen konnte, obwohl sie auf See unter ganz besonders schwierigen Verhältnissen kämpfen mußte.

Die Flakbewaffnung der großen Einheiten der Kriegsmarine war erheblich, aber auch bei den kleineren Schiffen aller Art unter Einschluß der U-Boote hatten die Flakwaffen vielfach den Vorrang vor der reinen Seekampfartillerie.

Der nachfolgende Überblick über die Flakausrüstung der wichtigsten deutschen Kriegsschiffklassen wird diese Feststellung unterstreichen.

Es waren ausgerüstet mit Flak vom Kaliber:		10,5 cm	8,8 cm	3,7 cm	2 cm
Schlachtschiffe Scharnhorst-Klasse	je	14		16	
Panzerschiffe Deutschland-Klasse	je	6		8	10
schw. Kreuzer Hipper-Klasse	je	12		12	
le. Kreuzer	je		6—8	8	4
Zerstörer	je			4	
Torpedoboote T-Klasse	je			1	
Torpedoboote Möwe-Klasse	je				2
Geleitboote	je			4	2
U-Boote	je				1
Räumboote	je				2

Die größeren Einheiten vom Torpedoboot an aufwärts besaßen darüber hinaus noch eine angemessen starke Ausrüstung von Seekampfartillerie aller Kaliber.

d) SS-Verfügungstruppe

Die kasernierte SS-Verfügungstruppe, die spätere Waffen-SS, stellte 1938/39 bei einigen ihrer vollmotorisierten Regimenter (Standarten) je eine 2 cm Flak 38-Kompanie auf. Man hatte sich dabei von den gleichen Überlegungen leiten lassen, die sich beim Heer durchgesetzt hatten.

Der Entfernungsmesser für leichte Flak, 1936

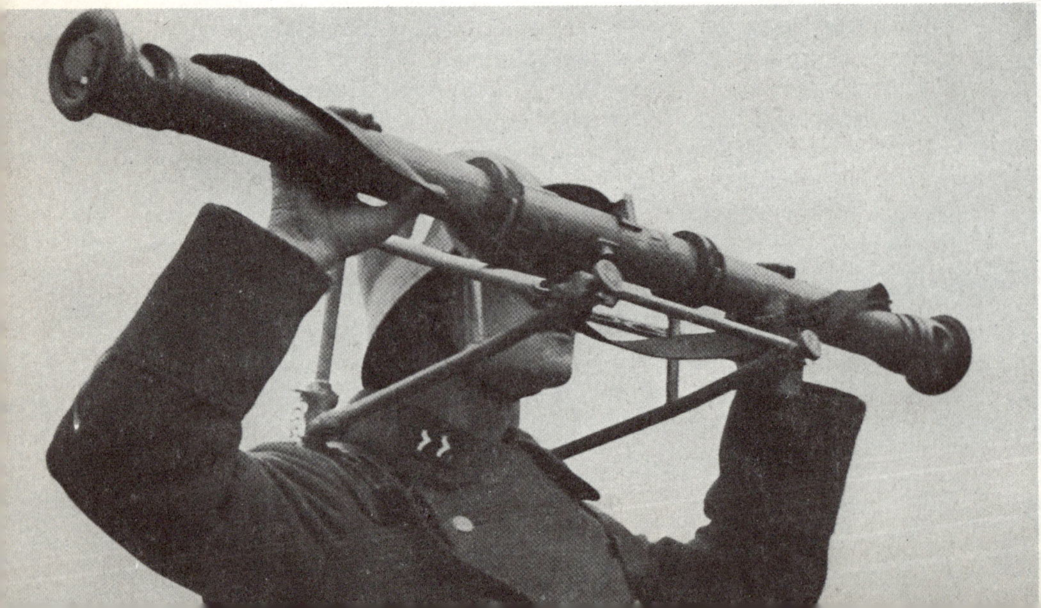

Eine der ersten Vorführungen der 8,8 cm Flak, Reichsparteitag 1935

8,8 cm Flak im Kampf gegen französische Panzer bei Arras 1940

Der Einsatz und Ausbau im Zweiten Weltkrieg 1939–1945

1. Mobilmachung

Mit der Mobilmachung ging die Masse der aktiven mot. gl. Flak-Abteilungen der Luftwaffe, wie vorgesehen, mit dem Heere oder mit den Frontfliegerverbänden ins Feld, während die Regiments-Stäbe, mit wenigen Ausnahmen, als Führungsstellen in der Heimatluftverteidigung eingesetzt wurden. Die übrigen aktiven Verbände blieben zunächst ebenfalls in der Heimat und standen, vor allem im Westen, zum Einsatz in Luftabwehr-Schwerpunkten zur Verfügung der Luftgau- und Luftverteidigungskommandos. Die Festungsflakabteilungen wurden aufgefüllt und bezogen die meist bereits fortifikatorisch ausgebauten Luftschutzstellungen im Bereich des Westwalls.

Jedes der im Frieden vorhandenen Luftgaukommandos stellte einen Luftgaustab z. b. V. mit gleicher Nummer (arabische Ziffer) auf, der, im allgemeinen im rückwärtigen Gebiet e i n e r Armee, für den Aufbau der Bodenorganisation der Fliegertruppe und der Luftverteidigung verantwortlich war.

Darüber hinaus stellte jede aktive Abteilung sofort 3—5 weitere Verbände gleichen Typs (gemischte oder leichte Abteilungen) auf. Aus den Nummern dieser ersten Mob.-Aufstellungen lassen sich unschwer die Stamm-Abteilungen ermitteln.

So bildeten beispielsweise das Flak Rgt. 11 (Königsberg/Pr.) die	 I./Flak Rgt. 11 (mot. gl.) II./Flak Rgt. 11 (mot. gl.) III. (Sw.)/Flak Rgt. 11 (mot.) I./Flak Rgt. 111 (mot.) Res. Flak Abt. 112—118 Flak Ersatz Abt. 11
oder die II./Flak Rgt. 24 (Menden i. W.) die	 II./Flak Rgt. 24 (mot. gl.) II./Flak Rgt. 241 (mot.) Res. Flak Abt. 245 Flak Ersatz Abt. 24
oder die le. Flak Abteilung 71 (Köngisberg/Pr.) die	 le. Flak Abt. 71 (mot. gl.) le. Flak Abt. 711 (mot.) le. Res. Flak Abt. 712—716

Im allgemeinen wurde die erste Mob.-Aufstellung mit eingezogenen, handelsüblichen Pkw und Lkw voll motorisiert und für den beweglichen Einsatz in der Heimat oder zum Nachziehen in das Operationsgebiet des Heeres zum Schutz der Versorgungsstützpunkte, Verkehrsknotenpunkte und Feldflughäfen bestimmt. Zu diesen Abteilungen trat etwa 10% aktives Personal aus den Stammabteilungen.

Die zweiten und weiteren Mob.-Aufstellungen trugen bis zum Jahre 1942 die Bezeichnung Reserve-Flak-Abteilung und hatten nur ganz geringe aktive Stämme. Sie waren ausschließlich für die Verwendung im Heimatkriegsgebiet vorgesehen und besaßen nur einige wenige handelsübliche Wirtschaftsfahrzeuge. Eine Verlegung auch dieser Einheiten, die übrigens teilweise mit 7,5 cm Skoda-Flak der früheren tschechischen Armee ausgerüstet wurden, war im Bedarfsfall möglich, da die notwendigen Sonderanhänger damals noch vorhanden waren. Die Kommandostellen der Flakartillerie hatten für diesen Zweck besondere Flaktransportkolonnen, später Flak-Transport-Batterien genannt, zur Verfügung. Diese Transporteinheiten führten neben einer laufenden Nummer zugleich auch die des Aufstellungsluftgaues, z. B. 75/III, 108/IV, 136/XII. Im weiteren Verlauf des Krieges sind jedoch auch Flakeinheiten (tmot. oder v.) im Operationsgebiet zum Einsatz gekommen, was bei Krisenlagen an der Front vielfach zu hohen Materialverlusten führte.

Als Mob.-Aufstellung besonderer Art muß noch die Flakabteilung z.b.V. „Danzig" (Kdr. Major Giese) erwähnt werden, die vom Flak Rgt. 11 im Juli 1939 aus Freiwilligen Danziger Staatsangehörigkeit, hierbei vorwiegend Professoren und Studenten der T. H. Danzig, in Brüsterort (Samland) aufgestellt wurde. Nach Abschluß der Ausbildung bezog diese mit 7,5 cm Skoda-Flak und deutschen 2 cm Flak 30 ausgerüstete tmot.Abteilung als Teil der aus der Landespolizei, dem SS-Totenkopfverband „Oberbayern" (Teile) und Danziger Freiwilligen gebildeten „Heimwehr Danzig" (später Stamm der 60. Pz. Gren.Div. „Feldherrnhalle") Luftschutz- und Erdkampfstellungen rund um Danzig und Zoppot und hatte dort an den Befreiungskämpfen und an der Einnahme von Gdingen (Gotenhafen) Anteil. Im Oktober 1939 wurde die Abteilung dann als gemischte Flak Abt. II/21 (Res.) in die deutsche Luftwaffe übernommen.

Die örtliche Führung der Flakkräfte aller Art lag in den Händen von Flakgruppen (Regimentsstäbe) und Flakuntergruppen (Abteilungsstäbe), wobei der Umfang des Schutzobjektes (Großstadt, Verkehrsknotenpunkt, Industriegroßanlage) und seine Gefährdung die Gliederung im einzelnen bestimmte. So standen um Großstädte Flakgruppen mit mehreren Flakuntergruppen, die entweder die taktische Führung für einzelne Sektoren oder auch für sämtliche verfügbaren Einheiten ihres Typs (leichte, schwere, Scheinwerfer- oder Ballonsperrbatterien) innehatten. Für kleinere, weniger gefährdete Schutzobjekte gab es nur eine (gemischte) Flakuntergruppe, die ihrerseits einer für einen größeren Bereich verantwortlichen Flakgruppe unterstand (z. B. Flakgruppen Ostpreußen, Niederschlesien u. a.).

Dieser Aufbau war zweckmäßig und wurde bis zum Kriegsende beibehalten, weil er einerseits eine permanente Gliederung der örtlichen Flakführung erlaubte, die den besonderen örtlichen Verhältnissen entsprach, andererseits aber auch jederzeit Umgruppierungen der örtlichen Abwehrkräfte ohne Rücksicht auf den Abteilungsverband ermöglichte, wenn immer es die wechselnde Luftkriegslage verlangte. Wenn auch aus truppendienstlichen Gründen die Zerreißung der Abteilungen als taktische Einheit tunlichst vermieden wurde, so war sie im Bedarfsfall unter diesen Verhältnissen möglich. Die Abteilungsstäbe behielten auch bei vorübergehender Abgabe einzelner Batterien an andere Flakuntergruppen stets die volle truppendienstliche Verantwortung mit Ausnahme der für den taktischen Einsatz und die Gefechtsführung.

Truppennachrichtenverbände und die Luftnachrichtentruppe bauten auf der Grundlage von Vorbereitungen, die man bereits im Frieden unter Verwendung der Postnetze getroffen hatte, die breit gegliederten Nachrichtenverbindungen aller Art aus, deren die örtliche Flakführung während des Gefechtes bedurfte; sie wurden im Verlauf des Krieges immer ausgedehnter und empfindlicher.

Die Verantwortung für die Luftverteidigung lag in den Händen der Kommandierenden Generale und Befehlshaber in den Luftgauen, denen außer der Flakartillerie auch Jagdfliegerverbände und Luftnachrichteneinheiten (Flugmeldedienst) unterstellt wurden. In einigen Luftgauen, die als besonders luftgefährdet angesehen werden mußten, wurde die im Frieden vorbereitete Organisation von Luftverteidigungskommandos mob.-mäßig ausgebaut und damit eigene Befehlsstellen für Luftverteidigungs-Schwerpunkte geschaffen.

Oberste Kommandobehörde für die Heimatluftverteidigung war zunächst, und zwar bis zum 23. März 1941, die Luftflotte 1 (Berlin) mit den Oberbefehlshabern Gen.d.Flg. Kesselring (bis 12. 1. 1940), Stumpf (bis 10. 5. 1940), Wimmer (bis 19. 8. 1940) und schließlich Keller.

Die ins Feld gegangenen mot. Verbände der Flakartillerie wurden „auf Zusammenarbeit mit dem Heere angewiesen", blieben jedoch den Luftwaffen-Kommandobehörden (Luftflotte, Fliegerkorps oder Koluft der Armeen) unterstellt, die sie von Fall zu Fall im Einvernehmen mit den für die Kampfführung verantwortlichen Befehlshabern des Heeres den Korps und Divisionen zuwiesen. Dabei galt als Grundregel, daß möglichst jedes Korps eine gem. Flak Abt. (mot. gl.) und jede schnelle Division eine gem. und eine leichte Flak-Abt. (mot. gl. oder mot. s.) erhielt. Für Schwerpunktbildung wurden weitere Abteilungen zur Verfügung der Koluft oder der Luftflotte zurückbehalten. Regimentsstäbe der Flakartillerie wurden beim beweglichen Einsatz an der Front kaum, höhere Flak-Stäbe überhaupt nicht benötigt. In dem kurzen Feldzug gegen Polen bewährte sich diese Aufteilung durchaus, umsomehr, als die einzelnen Flakabteilungen mit wenigen Ausnahmen vom ersten bis zum letzten Einsatztag im gleichen Heeresverband kämpften und sich auf diesen einspielen konnten.

In nahezu jedem Kampfauftrag, den eine Flakeinheit der Luftwaffe während des Krieges bei Erdkampfaufgaben an der Front erhielt, wurde der Flakführer „auf Zusammenarbeit mit der X. Division o. ä. angewiesen". Aus dieser Formulierung, die einen wesentlichen Unterschied zu der innerhalb des Heeres im allgemeinen üblichen „Unterstellung" ergab, erwuchsen gelegentlich unliebsame und unnötige Mißverständnisse, die in kriegsgeschichtlichen Darstellungen aus der Feder von Heeresoffizieren immer wieder, oft dramatisiert, erwähnt werden.

Praktisch stand hinter der Frage „Zusammenarbeit oder Unterstellung" ein Spiel mit Worten, das seine tiefere Ursache im Stolz der einzelnen Waffengattungen auf sich selbst hatte, die in der neuen deutschen Wehrmacht durch die verderbliche „Kompetenzhascherei" der einzelnen Wehrmachtteile untereinander einen besonders günstigen Nährboden fand. Im übrigen gab es diese Frage auch innerhalb des Heeres.

Es ist an der Front wohl keinem Abt.Kdr., Bttr.Chef oder Flakkampftruppführer der Luftwaffe im Ernst eingefallen, aus der Weisung auf Zusammenarbeit, die beispielsweise in der Frage des Truppenluftschutzes oder des Feldluftschutzes unumstritten blieb, einen „Streit der Weltanschauungen" heraufzubeschwören. Diese Absicht lag auch dann fern, wenn der Flakführer, seinen Befehlen und Vorschriften entsprechend, diese Formulierung bei der Meldung auf dem Gefechtsstand des verantwortlichen Heereskommandeurs gebrauchte. Erfahrungen mit „neuen" Heereskommandeuren belehrten ihn sehr schnell, diesen Teil der Weisung möglichst nicht auszusprechen. Man vermied dadurch Mißverständnisse, an denen man selbst keinerlei Interesse hatte, weil man sich an der Front als „im gleichen Boot sitzend" fühlte und dementsprechend handelte. Ebenso kann festgestellt werden, daß die Kommandobehörden der Flakartillerie im Operationsgebiet durchaus nach den gleichen Grundsätzen verfuhren (Beispiel: I. Flakkorps).

Von praktischem Wert war die Weisung auf Zusammenarbeit für den nicht seltenen Fall, in dem Heereskommandeure aus Unkenntnis oder in Überschätzung den Flakwaffen Sturmgeschütz- oder

Panzeraufgaben zu stellen versuchten und darüber hinaus noch Einzelheiten für die taktische Durchführung des Erdkampfauftrages befahlen.

2. Der Feldzug gegen Polen und in Skandinavien 1939/40

Nach abgeschlossener Mobilmachung standen rund 500 000 Offiziere, Unteroffiziere und Kanoniere in den Reihen der Flakartillerie, die sich in wenigen Wochen nahezu verfünffacht hatte.

In den 18 Tagen des Feldzuges gegen Polen hatte die Flakartillerie nur geringe Möglichkeiten zur besonderen Bewährung. Die konzentrischen Angriffe der eigenen Kampf- und Jagdflieger-Verbände zerschlugen die Masse der polnischen Luftstreitkräfte bereits auf den Rollfeldern, während an der Westfront eine beschränkte Aufklärungstätigkeit keine Kampfaufgaben von Gewicht brachte.

Den meist aus dem Heere stammenden Kommandeuren, die zudem vielfach in Spanien gewesen waren, genügte das untätige Mitrollen bei der Korpsartillerie nicht. Sie boten sich unter Hinweis auf die hervorragenden ballistischen Leistungen ihrer Waffen für Erdkampfaufgaben an, in denen ihre Schnellfeuerkanonen den damaligen Kampfmitteln des Heeres überlegen waren (z. B. Niederkämpfen von Bunkern im direkten Richten). Wo dieses Angebot angenommen wurde, wie beispielsweise beim Kampf um Graudenz (I./11), bei Mlawa und vor Warschau (II./11 u. a.) oder an der Narewlinie (I./11), führte es zum schnellen und vollen Erfolg.

Unter den ersten Waffentaten der Flak in diesem kurzen Feldzug ragt der unter härtesten Bedingungen und schwersten Verlusten durchgestandene nächtliche Kampf einer Abteilung des Berlin-Brandenburger Flak-Rgt. 22 am Bczura-Abschnitt hervor. Ganz auf sich allein gestellt, wehrte die Abteilung im Nahkampf im unübersichtlichen Gelände die erbitterten Ausbruchsversuche vielfach überlegener Feindkräfte aus dem Kessel ab und trug so entscheidend zu einem der größten Erfolge des polnischen Feldzuges bei.

Für die allen damaligen Anforderungen entsprechende ausgezeichnete Ausbildung und Bewaffnung der deutschen Luftabwehr mag eine Begebenheit Beispiel für viele andere sein: Am Nachmittag des 1. September 1939 griffen im Raume Graudenz drei polnische Jagdflugzeuge im Tiefflug über Höhenzüge und Waldstreifen überraschend Kolonnen des XX. A.K. auf der Straße Reichsgrenze —

Goßlershausen an. Zwei zufällig neben der Straße in Stellung liegende 2 cm Züge der 4./11, Teile des vorziehenden M.G. Btl. 9 (mot.) und zahlreiche M.G. der Truppe eröffneten schlagartig ein Abwehrfeuer, dem in Minutenlänge zwei der Angreifer zum Opfer fielen, während der dritte fluchtartig das Weite suchte.

Der erste gemeinsame Kampf der jungen Flak mit dem Heere brachte vielfache Erfahrungen, die sich in den späteren Feldzügen nachhaltig auswirken sollten: Die Truppe gewann an Selbstbewußtsein und Vertrauen zur Wirkung ihrer Waffen auch im Erdeinsatz, auf einem Gebiet also, für das sie erst in zweiter Linie ausgebildet worden war; sie gewöhnte sich desgleichen an die engste Zusammenarbeit mit dem Heer, dessen Kommandostellen erkannten, daß ihnen in der Flak für Krisenlagen eine artilleristische Reserve von höchster Feuerkraft und Präzision zur Verfügung stand, auf die Verlaß war.

Die geringe Lufttätigkeit über dem Reichsgebiet hatte der dort eingesetzten Masse der Flak Gelegenheit gegeben, ungestört die Ausbildungslücken zu schließen, die bei der Kurzausbildung in den Ergänzungseinheiten einer Truppe unvermeidbar waren, die über technisch hoch entwickelte Waffen und Geräte verfügte. Allerdings begann sich angesichts einer eindeutigen eigenen Luftüberlegenheit schon damals so etwas wie ein Keil zwischen die zwei großen Gruppen der Flakartillerie an der Front und in der Heimat zu schieben. Auf lange Sicht wirkt geringe oder gar keine Kampftätigkeit einer eben mobilgemachten Truppe trotz intensiven und ununterbrochenen Ausbildungsdienstes leicht demoralisierend. Dieser Keil vergrößerte sich bis in das Jahr 1941 hinein. Man muß das aus dem Blickwinkel der damaligen Situation betrachten, wo eine an den Fronten überall siegreiche Wehrmacht, die mit bisher einzig dastehenden Erfolgen bei verhältnismäßig geringen Verlusten aufwarten konnte, einer hemmungslosen amtlichen Hurra-Propaganda willkommenen Nährboden bot und, wenn auch sachlich nicht begründete, Minderwertigkeitskomplexe bei all denen auslöste, die an diesen Erfolgen nicht teilhaben konnten.

Die Luftwaffenführung erkannte die daraus erwachsenden Gefahren für die Moral der Truppe und bemühte sich durch Personalaustausch zwischen beiden Gruppen ausgleichend zu wirken.

In den folgenden Monaten traten einige Veränderungen bei der Luftgaueinteilung des Reichsgebiets in Kraft, die die Flakartillerie ebenfalls berührten. Teile des Generalgouvernements wurden den

Luftgauen I und VIII zugeschlagen, während für die neuen Reichsgaue Danzig-Westpreußen und Warthegau ein neues Luftgaukommando II gebildet wurde. Der Luftgau III gab Vorpommern und Mecklenburg an das Luftgaukommando XI ab und wurde gleichzeitig mit dem Luftgaukommando IV (Dresden) zum Luftgaukommando III/IV vereinigt, nachdem schon vorher der Regierungsbezirk Liegnitz zum L. G. IV getreten war. Nach dem Westfeldzug wurde auch das Luftgaukommando XIII (Nürnberg) aufgelöst und sein Bereich im Luftgaukommando XII/XIII (Wiesbaden) vereinigt.

An der Besetzung von Dänemark und am Kampf um Norwegen (Unternehmen „Weserübung") waren im Verbande des Heeres ebenfalls einige mot. Flakabteilungen der Luftwaffe beteiligt, ohne allerdings bei der Eigenart der Kämpfe Gelegenheit zu haben, sich besonders hervorzutun.*)

Nach Abschluß dieser Aktion wurden fast alle wieder unter Ablösung durch Reserve-Abteilungen und Marineflakabteilungen aus der Heimat herausgezogen. Für Norwegen wurde im übrigen ein eigenes (Feld-) Luftgaukommando gebildet (Kom.Gen. und Befh.: Gen.d.Flg. H a r m j a n z, Kdr.d.Flakart.: Gen.Lt. F e y e r a b e n d).

Den nördlichsten deutschen Fliegerhorst „Banak" am Polarkreis schützte für längere Zeit die u. a. aus der I./Flak Rgt. 23 gebildete schw. Flak Abt. 352 (v), später in schw. Flak Abt. 421 (v) umbenannt (Kdr. u. a.: Hptm. Albert S c h m i d t). Zu den Schutzobjekten dieser Abteilung gehörten wiederholt auch Schlacht- und Panzerschiffe der Kriegsmarine („Tirpitz", „Lützow" u. a.) vor und nach Unternehmungen gegen die alliierten Nachschubwege über das Eismeer.

Mit Zustimmung der finnischen Regierung wurde bereits im September 1940 eine erste Flakabteilung der Luftwaffe aus Norwegen in das Petsamo-Gebiet verlegt, wo ihr der Schutz der Nickelerzgruben, deren Produktion auf Grund eines Vertrages mit der Sowjet-Union zu 60% dem Deutschen Reich zufallen sollte, gegen britische Luftangriffe übertragen wurde.

---

*) I./8 (mot.), I./19 (mot.) und I./611 (mot.) beim Höh. Kdo. XXXI, II./33 (mot.) bei Gruppe XXI sowie I./32 (mot.) beim X. Flieger-Korps. Zur Zusammenarbeit mit der Gruppe XXI wurde ebenfalls vom X. Flieger-Korps ein mot. Schützen-Batl. des RGG zugewiesen, dem speziell die Sicherung der vorgeschobenen Feldflugplätze übertragen wurde.

3. Der Feldzug im Westen 1940

Im Oktober 1939 wurden nach kurzer Auffrischung die im Osten freigewordenen mot. gl. Abteilungen zur Westfront überführt. Auf Grund der in Polen bestätigten Erdkampfleistungen und aus der Erkenntnis, daß man im Westen mit einem stärkeren und aktiveren Gegner in der Luft zu rechnen hatte, wurden für den Einsatz mit den schnellen Truppen des Heeres insgesamt 32 mot. gl. und mot. Abteilungen zu 2 Luftwaffen-Flakkorps unter dem Befehl des Gen. d. Flakart. W e i s e und des Gen. Maj. D e ß l o c h zusammengefaßt, während für die übrigen beweglichen Verbände die in Polen übliche Unterstellung und Verwendung beibehalten wurde. Jedem der Flakkorps wurden 3—4 Regimentsstäbe zugeführt, und zwar meist aktive Stäbe unter neuer Nummer (z. B. RSt/Flak Rgt. 11 als RSt/Flak Rgt. 104, RSt/Flak Rgt. 23 als RSt/Flak Rgt. 202, oder RSt/Rgt. GG als RSt/Flak Rgt. 103). Darüber hinaus erhielten die Korps Luftwaffen-Versorgungstruppen, je ein Luftnachrichten-Regiment und eine Flieger-Verbindungsstaffel.

Der Auftrag des I. Flakkorps für den ursprünglich auf den 10. 11. 39 festgelegten Frontalangriff gegen die Maginotlinie beiderseits der Saar lautete: Schutz der Angriffsverbände des Heeres gegen Hoch- und Tiefangriffe sowie direkte Unterstützung des Angriffs durch Niederkämpfen von Stellungssystemen und Bunkern.

Dieser Auftrag blieb auch nach Änderung und Verschiebung der Angriffsplanung auf das Jahr 1940 für beide Flakkorps unverändert bestehen. Die Truppe wurde, obwohl sie in der Masse in Luftschutzstellungen innerhalb der Westbefestigungen und in den Bereitstellungsräumen des Heeres lag, auf diese schwere Aufgabe systematisch vorbereitet und führte vielfach Erdzielschießen unter kriegsmäßigen Bedingungen auf dem neuen Flakartillerieschießplatz Ahrbrück oder im Vorfeld des Westwalls durch. Zugleich wurde die Ausstattung mit Erdkampfmitteln (Handgranaten, le. M.G., M.P. u. ä.) erweitert, die Kanonen teilweise mit neuentwickelten Stahlschutzschilden ausgerüstet und die ersten leichten Abteilungen auf mot. s. umgestellt.

Zur artilleristischen Unterstützung des geplanten und am Modell sorgfältig vorbereiteten, kombinierten Angriffs von Fallschirmjägern und Sturmpionieren (Obstlt. M i k o s c h) gegen das wichtige Maasübergänge sichernde Fort Eben-Emael bei Lüttich wurde unter Hptm. A l d i n g e r , dem Chef der ersten schweren Flakbatterie, die in Spanien eingesetzt worden war, die Flakgruppe „Aldinger" gebildet. Zu ihr traten Einheiten des Flak Rgt. 201 (RSt/Flak Rgt. 36 - Oberst Römer) des auf Zusammenarbeit mit der 4. (Gen. Oberst v. Kluge) und 6. Armee (Gen. v. Reichenau) angewiesenen II. Flakkorps; und zwar die 1./6 (Hamburg - Oblt. Liller), die 7./43 (Dessau-Hptm. Mildebrath), die 3./64 (Düsseldorf-Oblt. Eggers) und zwei leichte Flakzüge der II./26 (Oldenburg i. O. - Lt. Göhre und Gauert). Nach Beginn des Angriffs im Westen am 10. Mai löste die Gruppe „Aldinger" auch nach Auftreten feindlicher Panzerkräfte unter geringsten eigenen Verlusten ihre Aufgabe in vorbildlicher Weise und trug so zu einer der ersten entscheidenden Kampfhandlungen im Westen wesentlich bei, wobei durch die 2 cm Züge zwei von sechs angreifenden Feindflugzeugen abgeschossen wurden.

Im Morgengrauen des 10. Mai 1940 trat das I. Flakkorps mit allen Teilen im Verbande der Panzergruppe v. Kleist zum Angriff durch Südluxemburg und den südlichen Teil der Ardennen mit der Stoßrichtung Sedan—Kanalküste an. Dieser Panzerraid stellte an die Truppe bisher nicht dagewesene physische Anforderungen. Erd- und Luftschutzaufgaben wechselten in rascher Folge ab. Oft mußte zwei- oder dreimal am Tage in Stellung gegangen werden. Dem raschen Vormarschtempo der schnellen Truppen entsprechend, gab es keine Ruhe, nachts und auch am Tage wurden die Abteilungen immer wieder auf den Rollbahnen an den mot. Kolonnen des Heeres vorbei nach vorn gezogen, um einen möglichst lückenlosen Luftschirm über den Vormarschstraßen zu gewährleisten oder um Ausgangsstellungen für die Operationen des nächsten Tages einzunehmen. Diese Märsche verschlangen erhebliche Zeit. Bei jedem Stop mußte, getreu der eigentlichen Aufgabe, beiderseits der Rollbahn gegen Luftangriffe in Stellung gegangen werden, wobei vielfach gleichzeitig die Flanken der die feindlichen Aufmarsch- und Bereitstellungsräume durchschneidenden eigenen Panzerverbände zu sichern waren. Häufig wurden einzelne 8,8 cm Kanonen als Arbeitsgeschütze (später Flakkampftrupps genannt) zum Niederkämpfen von Widerstandsnestern in die vorderste Linie gezogen.

Flakartillerie und schnelle Truppen spielten sich in dieser ersten raumgreifenden und den Feldzug entscheidenden Operation der deutschen Panzertruppen ausgezeichnet aufeinander ein, obwohl sie zwei verschiedenen Wehrmachtsteilen angehörten. So legte beispielsweise der Oberbefehlshaber der Panzergruppe v. Kleist auf Anregung des Kom. Generals des I. Flakkorps durch B e f e h l fest, daß die bei den einzelnen schnellen Korps befindlichen Fla.-M.G. Bataillone des Heeres den Kommandeuren der Flakregimenter taktisch unterstellt wurden. Damit wurde erreicht, daß im gesamten Abschnitt, in dem Heer und Flakkorps auf Zusammenarbeit angewiesen waren, der Flakeinsatz nach einheitlichen Richtlinien und Weisungen des Generalkommandos I. Flakkorps erfolgte, zumal die Kommandeure der Flak-Brigaden und Flakregimenter selbständig und im besten Einvernehmen die Absichten und den Einsatz der Flakartillerie mit den Führungsstäben der Panzerkorps abstimmten. (Erfahrungsbericht des Kom. Gen. I. Flakkorps vom 10. 7. 1940 an R.d.L. und O.d.L., L. Jn. 4)

Vereinzelt arbeitete das Flakkorps auch mit dem die Operationen des Heeres im gleichen Abschnitt unterstützenden Fliegerkorps zusammen. Der bereits zitierte Erfahrungsbericht des Kom. Gen. I. Flakkorps stellte dazu kritisch fest, daß eine solche Zusammenarbeit im Interesse der Heeresverbände auf Ausnahmen zu beschränken ist und besser ausschließlich den hierfür vorgesehenen mot. Abteilungen, die das in das Operationsgebiet nachgezogene Luftgaukommando z. b. V. zur Verfügung hat, überlassen bleibt. Ist das im Sonderfall, z. B. bei weit vorn eingerichteten Einsatz-Feldflughäfen, nicht möglich, so muß das Fliegerkorps rechtzeitig vorausschauend Flakschutz für die vorwärts neu zu belegenden Flugplätze anfordern. Nur so kann, angesichts der vielseitigen Bindung der Flakverbände an andere Aufgaben, ein rechtzeitiger Schutz der Rollfelder v o r Einfallen der fliegenden Verbände gesichert werden.

Ganz ähnlich war die Lage beim II. Flakkorps, das zunächst die schnellen Korps der 6. und später auch der 4. Armee durch Holland-Belgien nach Nordfrankreich hinein und, im zweiten Teil des Westfeldzuges, bis zur Loire-Mündung begleitete. Seine Abteilungen waren besonders beim Durchstoß durch die verschiedenen holländischen und belgischen Befestigungssysteme und beim Schutz der wichtigen Flußübergänge erfolgreich.

Das I. Flakkorps stieß im zweiten Teil des Westfeldzuges, nach Herauslösung aus dem Kampfraum Boulogne-Calais-Dünkirchen, ohne Ruhezeit mit der Panzergruppe v. Kleist und der aus dieser gebildeten neuen Panzergruppe Guderian durch die zäh verteidigte Weygandstellung über das Plateau von Langres in den Rücken der Maginot-Befestigungen und durch Burgund auf Lyon vor. Für das

Tempo dieses Vormarsches ist bezeichnend, daß Teile des I. Flakkorps, die noch vor Abschluß des Waffenstillstandes von der Luftflotte 3 aus dem Raum südl. Dijon zur Sicherung von Luftbasen um Paris abgerufen wurden, erst nach einem Marsch von über 100 Kilometern auf die Vorausabteilungen der aufschließenden Infanterie-Korps stießen.

Einige hervorragende Waffentaten der Flakartillerie im Westen 1940 sollen hier als Beispiel für viele hervorgehoben werden, weil sie zugleich die Vielseitigkeit des Einsatzes der Flakartillerie unterstreichen.

Oblt. Karl G ö t z kämpfte mit seiner Batterie beim Maas-Übergang im Raume Sedan mehrere Feindbatterien nieder und trug so entscheidend zur Erzwingung des Flußüberganges bei. Einige Zeit später verhinderte er im Raum Cambrai-Arras, zur Flankensicherung eingesetzt, den Durchbruch starker Feindkräfte und schoß dabei 9 Panzer ab.

Oblt. H a r r a s , Chef einer Batterie der I./18, schlug mit einem 8,8 cm Arbeitsgeschütz auf nächste Entfernung eine Bresche in das Mauerwerk der von 6000 Mann verteidigten Zitadelle von Boulogne und zwang sie in Zusammenarbeit mit einer Kradschützenkompanie des Heeres zur Übergabe.

Oblt. C o r t s hielt im wechselvollen Ringen um den von der 7. Pz. Div. (Rommel) im Handstreich genommen Brückenkopf Abbeville mit zusammengerafften Kräften die vorderste Linie und trug so entscheidend zur Sicherung dieser als Ausgangspunkt für die weiteren Operationen wichtigen Stellung bei.

Uffz. N e l k e (I./23) war bei Saumont mit seiner 2 cm Flak zur Abwehr von Panzerangriffen im Verbande der 7. Pz. Div. (Rommel) auf die Linie der Gefechtsvorposten vorgezogen worden. Als nachts im Rücken der Stellung eine größere Marschkolonne von Franzosen und Engländern auftauchte, griff er mit seiner Bedienung kurz entschlossen an und nahm 97 Franzosen und Engländer unter Führung eines französischen Hauptmanns gefangen. Nelke, ein bewährter Spanienkämpfer, wurde dafür zum Oberwachtmeister befördert und als erster Unteroffizier der Flakartillerie mit dem Ritterkreuz ausgezeichnet. Er verunglückte im April 1941 tödlich beim Aufmarsch des II. Flakkorps an der Balkanfront.

Im Verbande der aus 14 schnellen Divisionen (einschl. 1 Div. der Waffen-SS) bestehenden Panzergruppen v. Kleist und Guderian kämpften neben einigen Fla. M. G. Bataillonen des Heeres bis zu 36 schwere und 40 leichte und mittlere Flakbatterien der Luftwaffe. Das war eine Massierung von Flakkräften, wie sie in späteren Kampfhandlungen an anderen Fronten aus Mangel an Kräften leider nie mehr möglich wurde.

Das erfolgreichste Regiment 102 (Obstlt. v. Hippel), vorwiegend aus Österreichern bestehend, erzielte, meist im Verband des XIX. Panzerkorps (Guderian) kämpfend, bis zum 29. Mai 1940 allein 225 Flugzeugabschüsse. 112 davon entfielen auf Kampfhandlungen im Zusammenhang mit der Erzwingung der Maasübergänge am 14. Mai.

Für seine Leistungen spricht wohl am besten der nachfolgende Auszug aus dem Tagesbefehl des XIX. Panzerkorps vom 29. Mai 1940:

„18 Tage harten Kampfes liegen hinter uns. Das Flakregiment 102, einschließlich der leichten Flakabteilungen, hat in dieser Zeit dem Korps unschätzbare Dienste geleistet und hervorragend zum Erfolg beigetragen.

Es hat sich gezeigt, daß die Flak eine Waffe ist, die vielseitig erfolgreich eingesetzt werden kann.

Neben der Bekämpfung von Luftzielen, die in einem bislang nicht für möglich gehaltenen Erfolg von 225 Abschüssen gipfelt, hat das Regiment gezeigt, daß es eine nicht mehr wegzudenkende Waffe für den Erdkampf ist.

Gegen schwerste Panzer, Bunker und Zitadellen kämpfte es mit vorzüglichem Erfolg. Selbst Zerstörer, Torpedoboote und Transporter konnte das Regiment außer Gefecht setzen. Stets waren seine Männer zur Stelle, wenn es galt, den Kameraden zu helfen.

Ich spreche dem tapferen Regiment meinen Dank und meine Anerkennung aus.

gez. Guderian"

Die dem I. Flakkorps unterstellten Verbände der Flakartillerie vernichteten im Westfeldzug (Meldung des Kom. Gen. I. Flakkorps Nr. 1360/40 geh. vom 10. 7. 1940):

372 Flugzeuge durch Abschuß aus der Luft
252 Flugzeuge am Boden (auch unversehrt erbeutete)
47 Panzer
30 Bunker
1 Kriegsschiff (II./38)

Ferner wurden zahlreiche Feldstellungen, B.-Stellen, M.G.-Nester, Batterien und Kolonnen aller Art niedergekämpft. Die II./38 und die I./51 erzielten an der Kanalküste Treffer auf

12 Kriegsschiffen
8 Transportern und
1 Frachtschiff.

Das Kriegstagebuch des schwächeren II. Flakkorps gab für den Einsatz im Westfeldzug die folgende Erfolgsmeldung:

214 Flugzeugabschüsse aus der Luft
284 Panzerabschüsse und weitere Panzer im Kampf beschädigt
17 Forts und Panzerwerke im Angriff zerstört
7 Transportschiffe versenkt und zahlreiche weitere Schiffe beschädigt.

Demgegenüber standen beim II. Flakkorps folgende eigene Verluste:

a) Personal	Offz.	Uffz./Mannsch.	Insgesamt
Tot oder vermißt	8	98	106
Verwundet	17	295	312
	25	383	418

b) Material

Durch feindliche Waffenwirkung wurden zerstört oder beschädigt:

8 8,8 cm Flak
4 3,7 cm Flak
12 2 cm Flak.

Die Liste der vernichteten oder sturmreif geschossenen Befestigungswerke nannte u. a. Eben-Emael und Flemalle bei Lüttich, Roermond, Marchovelette und Malone bei Namur, de Pontisse bei Lüttich, d'Heron-Fontaine und de les Sarts bei Maubeuge sowie das Fort Bersilleirs der belgischen Festung Namur.

Der Oberbefehlshaber der 4. Armee würdigte die Leistungen des II. Flakkorps in einem Tagesbefehl vom 24. 6. 1940 mit folgenden Worten (Auszug aus dem Korpstagesbefehl II. Flakkorps, vorl. Gef.Stand bei Abbeville, vom 28. 6. 1940):

„Mit dem 24. 6. scheidet das Flakkorps II aus dem Bereich der 4. Armee aus.

Mit den Erfolgen der Armee im bisherigen Verlauf des Krieges gegen unsere Westgegner ist der Name des Flakkorps II und seines Kommandierenden Generals unlösbar verbunden. Ich danke dem Flakkorps für seine Einsatzbereitschaft zu jeder Stunde und für seine treue Waffenkameradschaft. Die 4. Armee wird das Flakkorps Deßloch nicht vergessen. Kameradschaftliche Wünsche begleiten das Korps zu neuen Erfolgen."

gez. v. Kluge
Generaloberst

Nach den zusammenfassenden Berichten des Oberkommandos der Wehrmacht wurden während des Feldzuges im Westen 1940 insgesamt 1525 Feindflugzeuge durch fliegende Verbände und 854 durch die Flakartillerie aus der Luft abgeschossen.

Bei der Wertung all dieser Erfolge ist zu berücksichtigen, daß der Einsatz der Luftwaffe auf der Seite des Gegners auch im Westen 1940 nicht entfernt zahlenmäßig an das heranreichte, was die Truppe ab 1943 erlebte. Die Ergebnisse wurden neben denen der den Luftraum beherrschenden eigenen Jagdverbände errungen und bewiesen nachhaltig den vollen Erfolg der bei der Flakartillerie im Frieden geleisteten Aufbau- und Ausbildungsarbeit. Die deutsche Flakartillerie von 1939/40 war materiell und personell so gerüstet, daß sie den vielfachen Anforderungen des beweglichen Einsatzes im Operationsgebiet des Heeres in jeder Richtung voll gerecht werden konnte.

Die im Westen gewonnenen Erfahrungen für den Einsatz im Verband der schnellen Truppen blieben richtungweisend im weiteren Verlauf des Krieges, wenn auch, angesichts überdehnter Fronten, ab Herbst 1941 gleich durchschlagende Erfolge größerer Verbände der Flak immer seltener wurden. Die für eine solche Schwerpunktbildung notwendigen Kräfte waren meist nicht mehr zusammen zu bringen.

Der Erfahrungsbericht des I. Flakkorps vom 10. 7. 1940[1]) gibt eine Fülle von Erkenntnissen und Vorschlägen. Seine Empfehlungen erlangten in der Folgezeit vielfach grundsätzliche Bedeutung für den Einsatz beweglicher Flakkräfte und fanden ihren Niederschlag in den Dienstvorschriften der Flakartillerie (LDv 400/ff — Flak).

4. Der Ausbau der Luftverteidigung 1940/41

Nach Beendigung des Feldzuges wurde in den besetzten Westgebieten die Bodenorganisation der Luftwaffe unter mehreren neuen Luftgaukommandos in der üblichen Weise aufgebaut. Aus dem Reichsgebiet wurden teilweise neuaufgestellte Reserve-Flakabteilungen und Einheiten der Marineflak nachgezogen, um die Luftsicherung gegen den wohl stark angeschlagenen, jedoch keineswegs erschütterten Gegner England zu verstärken. Auch die Masse der meist motorisierten

Luftgau-Flak, die schon während der Kampfhandlungen zusammen mit der Bodenorganisation aufgeschlossen hatte, verblieb in Frankreich-Belgien-Holland.

Die Besetzung Europas bis zum Kanal erlaubte eine Vorverlegung des Luftschutzgürtels aus der Luftverteidigungszone „West" an der Reichsgrenze bis zur Nordseeküste und zum Golf von Biskaya; ganz abgesehen davon, daß die französischen Kampfverbände und die alliierten Luftbasen auf dem Kontinent restlos ausgeschaltet waren. Hinzu kam, daß die eigenen Luftstreitkräfte in den vorausgegangenen Kämpfen ihre Ueberlegenheit bewiesen hatten und infolgedessen von einer hohen Moral erfüllt waren.

Aus dieser durchaus richtigen Beurteilung der Luftkriegslage konnten keinerlei Bedenken gegen die in Gang gebrachte Umgruppierung der Flakkräfte nach Westen hin erwachsen, vielmehr zwang sie sich aus operativen Überlegungen geradezu auf.

Den beiden mot. Flakkorps wurde unter teilweiser Neugliederung ein neuer Kampfauftrag zugewiesen: Schutz der im Aufbau begriffenen eigenen Luftbasen zum Angriff der Luftwaffe gegen die britischen Inseln und Vorbereitung des Unternehmens „Seelöwe" (Invasionsplan gegen die britischen Inseln). Zur Erfüllung dieses Auftrages gingen die Verbände in den Schwerpunkträumen des Luftwaffenaufmarsches in Stellung, vor allem im Großraum Paris und an der Kanalküste (Fliegerhorste des VIII. (Nahkampf-) Flieger-Korps — Gen.d.Flg. Frhr. von Richthofen).

Die großen Erdkampferfolge der mot. Flakartillerie hatten das OKW veranlaßt, ihr auch beim Unternehmen „Seelöwe" besondere Aufgaben vor allem im Rahmen der ersten Landungswelle zuzuweisen. Ab August 1940 wurden aus allen Abteilungen der Flakkorps Flakkampftrupps herausgelöst, die zusammen mit Gebirgsjägern, Sturmpionieren und Infanterie auf die ihnen zugedachte neue Erdkampfaufgabe an der französischen Kanalküste bei Fécamp und Dieppe vorbereitet wurden.

Ein Merkblatt des Gen. Kdo. I. Flakkorps über die Kampfführung der Flakkampftrupps aus dem Jahre 1940 ist nicht nur für die Waffengeschichte der Flakartillerie bedeutsam, sondern zugleich auch ein interessantes Dokument für die Angriffsplanung „Seelöwe" überhaupt. Es kennzeichnet, wie stark sich inzwischen die Flak als Mehrzweckwaffe innerhalb der Wehrmacht durchgesetzt hatte.

Das Merkblatt bestimmte für die Kampfführung der Flakkampftrupps u. a. folgendes:

(1.) **Zusammensetzung:**

a) Personell: 1 Offz. (Flakkampftruppführer)
4 Uffz. (3 Geschützführer und 1 z.b.V.)
22 Mannschaften
1 San.-Dienstgrad der Lw.
dazu voraussichtlich: 2 Uffz. und
20 Mannschaften des Heeres als Hilfsmannschaft.

b) Materiell: 1 8,8 cm Flak
2 2 cm Flak
1 Zg.Kw.
2 Kfz. 81 (für 2 cm Flak)
2 Kräder
Munition:
8,8 cm: 200 Az., 200 Zt.Z., 100 Pz.
2 cm: 9600 Az., 200 Zt.Z., 100 Pz.
reichliche Infanteriemunition.
Einzelne Flakkampftrupps werden durch Offz.-Spähtrupps des Ln.Rgt. 101 verstärkt werden.

(2.) **Aufgaben:**

Der Flakkampftrupp ist eine unter Führung des Flakkampftruppführers selbständig kämpfende Einheit.

Der Flakkampftrupp wird im Rahmen der Übergangs-Voraustruppen oder des 1. Treffens eingesetzt.

Er soll

a) den Übergang der Voraustruppen und des 1. Treffens gegen Angriffe von Luft und See schützen,

b) das Anlanden der Voraustruppen und des 1. Treffens durch Niederhalten der Küstenabwehr und Schutz gegen Angriffe aus der Luft sichern,

c) die Bildung, Erweiterung und das Halten eines Landekopfes durch Kampf mit Schwerpunkt gegen Erdziele, in zweiter Linie auch gegen Luft- und Seeziele unterstützen.

(3.) **Durchführung der Kampfaufträge:**

a) Die Lösung der geforderten Kampfaufgaben ist nur in engster Verbindung mit dem örtlichen Führer der vom Heer gelandeten Einheiten möglich. Vollste Ausnutzung der Feuerkraft des Flakkampftrupps unter reichlichem Munitionseinsatz ist eine weitere Voraussetzung.

b) Schießen gegen See- und Erdziele vom Seefahrzeug ist gem. Ziff. ... L.Dv. 400/... (befand sich in Ausarbeitung) durchzuführen.

Die Bekämpfung von Luftzielen durch schwere Flak ist mangels Feuerleitgeräten nur behelfsmäßig möglich. Sie sind daher nur auf nahe Entfernungen (etwa bis 1000 Meter) unter direktem Anrichten durch das Flakzielfernrohr mit auf die geschätzte Entfernung eingestellten Zeitzündern in Form eines Schrotschusses zu bekämpfen (Verfahren erhielt später den Namen „Nahfeuer").

c) Die Flakkampftrupps bilden zunächst die stärkste artilleristische Feuerkraft der gelandeten Truppen. Sie sind im ersten Kampfabschnitt die Hauptträger des Feuerkampfes. Diese Aufgabe können sie nur durch vollen Munitionseinsatz und der Lage entsprechende Feuereröffnung, schlagartig auf kürzeste Entfernung, gerecht werden. Geschickte Stellungswahl ist für die Erhaltung der Feuerkraft von ausschlaggebender Bedeutung.

d) Beim Anlanden sind die Flakkampftrupps für Entladen, Munitionsausladung, Instellunggehen auf Unterstützung des Heeres angewiesen. Das Gleiche gilt für Stellungswechsel im weiteren Verlauf des Kampfes.

e) Die Flakkampftrupps sind nach dem Gesichtspunkt einer selbständigen Kampfeinheit zusammengesetzt. Sie müssen jedoch nach Anlanden beim Kampf um die Erweiterung und das Halten des Landekopfes mit mit allen Mitteln Verbindung untereinander suchen, um durch Zusammenfassung des Feuers und gegenseitige Unterstützung die Kampfkraft der ersten Voraustruppen auf das höchstmögliche Maß steigern.

f) Die Angehörigen der Flakkampftrupps müssen sich der Schwere des ihnen bevorstehenden Kampfes bewußt sein. Von ihrem Kampf und ihrer Zähigkeit hängt im großen Maße das Gelingen der gewaltsamen Landung in England ab.
Das einmal gewonnene Gelände muß mit allen Mitteln verteidigt werden.

(4.) **Ausrüstung:**

Öl- und Gummizeug,
Planen zur wasserdichten Verpackung der Munition,
jedes 8,8 cm Geschütz mit

einem 1 m EmR (Entfernungsmeßgerät)
Schußtafeln
Sprachrohr
doppelte bis dreifache Ausstattung an Zugtauen,
Kochkessel
Thermosflaschen
Mittel gegen Seekrankheit
Schanzzeug
Gürtel oder Stricke zum Anbinden
Schwimmwesten.

Ab 1941 wurde der Flakkampftrupp, später meist aus 2- 8,8 cm Flak und einem Zug 2 cm Flak bestehend, an den Fronten in Krisenlagen die am häufigsten angewandte Gliederung der Flakartillerie zur Lösung von Sonderaufgaben im Erdkampf.

Die Zusammenfassung mehrerer Flakkampftrupps oder mehrerer Flakbatterien für zeitlich begrenzte Erdkampfaufgaben, wie sie in der Folgezeit häufig in Krisenlagen erforderlich wurde, ist unter der Bezeichnung „Flakkampfgruppe" an der Front ebenfalls zu einem weithin bekannten Begriff geworden. Wie der Name schon sagt, handelte es sich dabei um einen unter einheitlicher Führung (Flakoffizier) stehenden Erdkampfverband, dem häufig zur Unterstützung oder zur Nahsicherung angemessene Kräfte des Heeres (Infanterie, Pioniere, Panzer) beigegeben wurden.

Nach Absetzung des Unternehmens „Seelöwe" im Oktober 1940 traten die Flakkampftrupps wieder zu ihren Stamm-Einheiten zurück, die inzwischen für den beweglichen Einsatz auf Grund der Erfahrungen des Westfeldzuges besser gerüstet worden waren. Die Sonderausbildung der Flakkampftrupps sollte im späteren Rußlandfeldzug ihre Früchte tragen. Man hatte auch begonnen, die leichten Flaktrupps der schweren Batterien durch Zuführung eines 3. Geschützes auf Zugstärke zu bringen, und die ersten, besseren Kdo.Ger. 40 an die Truppe ausgeliefert. Später, während des Rußlandfeldzuges, wurde die K.A.N. der schweren Batterien zur Verstärkung der eigenen Tieffliegerabwehr auf 4- 2 cm Flak gebracht.

Bei dem geplanten, aber ebenfalls nicht durchgeführten Unternehmen „Felix" (Wegnahme von Gibraltar vom spanischen Hoheitsgebiet her) waren mehreren Flakabteilungen (mot. gl.) unter dem Kommando des Kdr./Flak Rgt. 104 (Oberst Lichtenberger) (früher vorübergehend Abteilungskommandeur bei der „Legion Condor") wichtige Erdkampf-Sonderaufgaben zugedacht worden.

Die politische und militärische Vorbereitung des von der Staatsführung befohlenen Unternehmens „Barbarossa" (Angriff gegen die Sowjet-Union) bewirkte das Anlaufen umfangreicher Umgruppierungen der gesamten Wehrmacht im Spätherbst 1940 von Westen nach dem Osten hin. Daraus erwuchsen auch für die Luftverteidigung neue Schwerpunkte.

Die beiden Flakkorps wurden im Oktober-November 1940 nach und nach unter Ablösung durch Luftgau-Flak als operative Reserve des Ob.d.L. in das Reichsgebiet zurückverlegt, wobei wiederum ein Austausch einzelner Abteilungen erfolgte. Das I. Flakkorps verstärkte die Luftabwehr im Bereich der Luftgaukommandos III/IV und bildete seine Verbände im übrigen auf einen neuen, raumgreifenden Einsatz im Verbande von Panzertruppen des Heeres aus. Das Flak-Rgt. 104 hatte vorübergehend Stellungen um Wien bezogen, als dort die Bündnisverträge mit den Balkanstaaten ausgehandelt wurden. Anfang November 1940 wurde das Regiment dann unter kriegsmäßigem mot. Marsch durch das Protektorat und Schlesien zum Korps nachgezogen und mit dem örtlichen Flakschutz des Raumes um Stettin beauftragt. Weitere mot. gl. Verbände, vor allem aus dem II. Flakkorps, gingen ab 13. 10. 1940 zusammen mit Verbänden des Heeres (z. B. 13. und 16. Pz.Div.) als Lehrtruppe der deutschen Luftwaffenmission nach Rumänien und übernahmen dort vor allem den Flakschutz der kriegswichtigen Ölfelder um Ploesti, der in der Folgezeit durch zahlreiche Reserveabteilungen verstärkt wurde.

Durch den Ob.d.L. war der deutschen Luftwaffenmission in Rumänien (Chef: Gen.Lt. S p e i d e l, Verbindungsoffizier zur rumänischen Flakartillerie: Gen.Lt. H o f f m a n n) als sogenannte Lehrtruppe ein Flak Rgt. (mot.) mit 3 gemischten und 2 leichten mot. Abteilungen zugeteilt worden. Das Regiment war bereits Ende Oktober 1940 im Erdölgebiet gegen britische, und möglicherweise auch russische, Luftangriffe feuerbereit. Für die gleiche Aufgabe standen neben einigen deutschen und rumänischen Jagdstaffeln rund 90 rumänische Flakbatterien zur Verfügung, die teilweise auf deutsche Flakwaffen umgerüstet wurden. Während des deutschen Aufmarsches auf dem Balkan im Frühjahr 1941 erhöhte sich die Zahl der deutschen Flakkräfte im Raum von Ploesti auf insgesamt 48 schwere und 62 leichte Batterien sowie einige Scheinwerfer- und Nebeleinheiten. Bis auf 16 Batterien wurde die Masse dieser Flakkräfte, nachdem inzwischen die Einsatzbereitschaft der rumänischen Flak fühlbar verstarkt worden war, bei der 12. Armee und beim VIII. Fliegerkorps gegen Griechenland und Jugoslawien eingesetzt und anschließend zum Angriff gegen Südrußland aus Rumänien heraus bereit gestellt. Erst zu einem wesentlich späteren Zeitpunkt, nach Erstarken der britischen Luftwaffe im Mittelmeerraum, ergab sich angesichts der hohen Bedeutung der Erdölfelder die Notwendigkeit zur Zuführung weiterer starker deutscher Flakverbände (v und Eisb.) aus dem Heimatkriegsgebiet.

Nach verlustreichem Abbruch der deutschen Luftoffensive gegen England begann die britische Luftwaffe im Herbst 1940 nachts mit kleineren zweimotorigen Kampfverbänden verstärkt in das Reichsgebiet einzufliegen und über Jütland und die Ostsee bis zur Reichshauptstadt vorzudringen. Wenn auch die Erfolge dieser Einflüge minimal waren, so setzte der Ob.d.L. dennoch stärkste Abwehr dagegen ein, um der moralischen und propagandistischen Auswirkung dieser Störangriffe entgegen zu wirken, nachdem er vor Kriegsausbruch in Reden leichtfertig von einem absoluten Luftschirm über dem Reichsgebiet gesprochen hatte.

Die Tatsache des Eindringens britischer Kampfverbände bis zur Reichshauptstadt ließ sich nicht verbergen und löste die schärfste Kritik des Reichsmarschalls und des Generalluftzeugmeisters (Gen.Oberst Udet) gegenüber der Flakartillerie aus. Es bleibt das geschichtliche Verdienst zahlreicher energischer Flakführer, wie beispielsweise des Gen.Oberst Weise, des damaligen Gen.Maj. von Axthelm und des damaligen Oberst i. G. Pickert, die Flakartillerie ihrer Befehlsbereiche durch tiefgreifende Ausbildungsmaßnahmen und personelle Veränderungen durch jene Krisenmonate erfolgreich hindurchgerissen zu haben, obwohl Ob.d.L. die berechtigten Wünsche auf Verbesserung von Waffen und Gerät nicht erfüllte. Es wurde aber dennoch der Beweis erbracht, daß die Flak auch in der Heimatluftverteidigung gute Erfolge haben konnte, wenn man die Ausbildung auch der eingesetzten Einheiten in der Feuerstellung noch intensiver gestaltete. Als Luftwaffenbefehlshaber Mitte gelang es Gen.Oberst Weise später seine Auffassungen und Maßnahmen gegen alle Widerstände durchzusetzen und damit die Voraussetzungen zu schaffen, daß die deutsche Flakartillerie bis zum bitteren Ende im Rahmen des ihr Möglichen das Beste leistete.

Ab 19. 7. 1940 waren bereits die für die Heimatluftverteidigung zur Verfügung stehenden Jagdfliegerkräfte im Interesse einer wirksameren Zusammenfassung aus den Befehlsbereichen der Luftgaukommandos und Luftverteidigungskommandos ausgeschieden und zur 1. Jagdflieger-Division zusammengefaßt worden. Dabei befanden sich auch die im September 1940 aufgestellten ersten 4 Nachtjägerstaffeln (2 Nachtjagdgebiete: Berlin und Holland).

Darüber hinaus entschloß man sich, da der massierte Einsatz der mot. gl. Verbände gegen die Sowjet-Union feststand, zur Aufstellung zahlreicher weiterer Reservebatterien als Ablösungstruppe. Zu den 1210 Luftwaffen-Flakbatterien nach Abschluß der Mobilmachung traten im Laufe des Jahres 1940 weitere 141 schwere und 126 leichte Batterien.

Nach Unterlagen aus dem Gen.St. der Luftwaffe umfaßte die Luftwaffe am 15. 11. 1940 insgesamt rund 1 247 000 Soldaten. Nach Waffengattungen gegliedert entfielen davon auf

Fliegertruppe und Fallschirmjäger	471 600
Flakartillerie	423 700
Luftnachrichtentruppe	203 900
Lw.-Bautruppe (teilweise RAD)	125 900
Landesschützen der Lw.	21 900

Gemessen an den Friedensstärken im Sommer 1939 war damit die Flakartillerie am stärksten gewachsen, nämlich um 295%, gegenüber 265% der ebenfalls stark bei der Luftverteidigung gebundenen Luftnachrichtentruppe und 127% der Fliegertruppe (einschl. Bodenorganisation und Fallschirmjägern).

Die eigenen Nachtangriffe gegen die britischen Inseln und die ersten Feindangriffe auf das Reichsgebiet bei geschlossener Wolkendecke oder bei Nacht gegen großflächige Zielräume hatten nun endlich auch an oberster Stelle die Erkenntnis durchgesetzt, daß die Flakartillerie, sollte sie ihren Auftrag erfüllen, ein Funk-Ortungs- und Schießgerät haben mußte. Bereits vor Kriegsausbruch hatte die Firma Lorenz ein als Schießgerät geeignetes Funkmeßgerät (Fu.M.G.) entwickelt. Leider wurde es auch jetzt nicht eingeführt, sondern das von Telefunken konstruierte Gerät „Würzburg", das zwar als Flugmeldegerät für die Luftnachrichtentruppe brauchbar war, als Schießgerät der Flakartillerie aber versagen mußte, weil die Ermittlung von Zielhöhe und Seite zu ungenau blieb. Hinzu kam, daß bei der Auslieferung der Geräte in erster Linie Nachtjäger, Scheinwerfer und Flugmeldeeinheiten damit bedacht wurden, während die unter immer schwieriger werdenden Verhältnissen kämpfende Flakartillerie nachhinkte. (Entscheidung des R.L.M. trotz Widerspruch des Generals der Flakwaffe). Die Folge war, daß noch Ende 1941 zahlreiche Kanonenbatterien ohne elektrisches Schießgerät im Einsatz standen und immer dann, wenn das Ziel optisch nicht aufzufassen war, auf munitionsfressende behelfsmäßige Schießverfahren, wie Schießen nach Schall oder Sperrfeuerschießen, ausweichen mußten. Anstatt das für die Flak wesentlich besser geeignete Lorenz-Gerät in Serienbau zu nehmen, wurde durch Eingriffe höchster Stellen außerhalb der Flakartillerie dessen Produktion abgestoppt und unter erheblichem Zeitverlust das Würzburg-Gerät nach und nach durch Zusatzelemente für die Flak brauchbar gemacht.

Eine weitere Tragik mit unverantwortlichen Auswirkungen für den Leistungsabfall der Luftverteidigung lag darin begründet, daß inzwischen zwar alle Wehrmachtteile ihre eigene Flakartillerie aufgebaut hatten, die notwendige W e h r m a c h tinspektion Flak aber bis zum Kriegsende im unverständlichen Kompetenzstreit der Wehrmachtteile nicht geschaffen wurde. Sie allein hätte im Sinne einer notwendigen Konzentration der Kräfte die Spitze bilden können, die das in der Folgezeit sich auch auf dem Gebiet der Luftverteidigung immer verheerender auswirkende Nebeneinanderwirtschaften verhindert hätte. So aber konnte es passieren, daß die Kriegsmarine auf Kosten der Luftwaffen-Flak aus deren Quote inzwischen zu Flakschießgeräten verbesserte Würzburg-Geräte abzweigen konnte, um sie zunächst, sage und schreibe, zum Sperrfeuerschießen zu verwenden, wobei die Leistungsfähigkeit der Geräte nicht entfernt ausgenutzt wurde. Dieses Beispiel, als eins für viele für den unverantwortlichen Eigensinn der Wehrmachtteile, wiederholte sich in der Folgezeit vielfach auf den verschiedensten Gebieten der Waffenentwicklung, wobei, was aus Gründen der Gerechtigkeit festgestellt werden muß, oft auch der R.d.L. und Ob.d.L. Schuld trug.

Nach verschiedenen Störangriffen einzelner Bomber erfolgten die ersten nächtlichen Verbandsangriffe (im Bomberstrom) der britischen Luftwaffe auf die Reichshauptstadt Mitte November 1940 mit etwa je 30 zweimotorigen Maschinen unter Einsatz von Leuchtmitteln. Die ersten britischen Bombenangriffe auf Berlin erfolgten kurz nach Beginn der deutschen Luftwaffen-Offensive zur Vorbereitung des Unternehmens „Seelöwe", die ersten Bomben fielen am 29. August auf Wohnviertel in Gegend Görlitzer Bahnhof und am 31. August auf Industrieanlagen der Siemensstadt. In beiden Fällen waren Verluste unter der Zivilbevölkerung zu beklagen. Dem mit der Luftverteidigung der Reichshauptstadt betrauten L.V. Kdo. 1 standen damals rund um Berlin neben 11 Scheinwerfer-Batterien 29 schwere und 14 leichte Kanonenbatterien zur Verfügung.

Bei dem bis dahin schwersten Angriff am 8. Oktober 1940, der etwa eine Stunde dauerte, fielen insgesamt 50 mittlere Sprengbomben auf das Stadtgebiet. Nach Zuführung der ersten Teile des I. Flakkorps und einiger weiterer Reserve-Einheiten standen Mitte Oktober um

Berlin 45 schwere und 24 leichte Batterien (dabei 5 gem. Abteilungen mot. gl.) sowie 18 Scheinwerfer-Batterien.

Ein Tagesbefehl des Luftverteidigungskommandos 1 (später 1. Flak-Division, Oberst Schilffarth) vom 15. 11. 1940 stellte fest, daß bei dem Nachtangriff am Vortage von etwa 30 angreifenden Flugzeugen sieben abgeschossen und der Rest fast ganz von den Zielräumen abgedrängt werden konnte, so daß der Feindverband seinen Auftrag auch nicht annähernd erfüllen konnte. An diesem unter den damaligen Verhältnissen großen Erfolg hatten, der gleichen Quelle zufolge, die „Sondergerätbedienungen" (Fu.M.G.) hervorragenden Anteil. Auch ein Fernschreiben des Ob.d.L. sowie Tagesbefehle des Befehlshabers der Luftverteidigung im Luftgau III (Gen.Oberst Weise) und des Kommandeurs der Flakgruppe Berlin-West (RSt/Regiment General Göring — Oberst Conrath) sprachen höchste Anerkennung aus.

Zeitlich fielen diese ersten nennenswerten Erfolge der Berliner Flak mit den Besprechungen Molotows mit Hitler in Berlin zusammen.

Man ist vielleicht beim Lesen dieser Befehle heute, nachdem man vernichtende Zerstörangriffe mit Einflügen von 1000—1200 fliegenden Festungen erlebt hat, versucht über eine solche Wertung zu lächeln. Das wäre jedoch gegenüber der tatsächlichen Leistung der Truppe, die mit allen Kräften trotz nachhinkender Gerätentwicklung bemüht war, alle Anforderungen zu erfüllen, bitteres Unrecht. Es sollte auch nicht übersehen werden, daß Verluste von nahezu 25% der Angreifer schon nach kurzer Zeit nicht mehr zu tragen waren. Das hatte nicht zuletzt einige Monate vorher auch die deutsche Luftwaffe bei ihren rollenden Angriffen gegen den Großraum London erfahren.

Die zunehmende Lufttätigkeit der erstarkenden britischen Kampfverbände zwang im Laufe des Jahres 1941 zu weiteren Vermehrungen der Flakartillerie im Heimatgebiet. Diese Beanspruchung der langsam knapp werdenden Personaldecke verbot die Aufstellung neuer mot. gl. Verbände für den beweglichen Einsatz an der Front. Die Gesamtzahl der Flakbatterien der Luftwaffe erhöhte sich bis Ende 1941 auf 1719 durch die Aufstellung von 176 schweren und 66 leichten Batterien. Damit hatte man erstmalig seit dem Jahre 1937 wieder der schweren Flak den Vorrang gegeben, die bei der steigenden Zahl der Hochangriffe auf die Städte und Industriezentren im Reichsgebiet trotz Erweiterung der 1. Jagdflieger-Division zum XII. (Jagd-)Fliegerkorps (General

Kammhuber) ab 1. 8. 1941 die Hauptlast des Abwehrkampfes zu tragen hatte.

Die leichte Flakartillerie in der Heimat war bei Kriegsbeginn vorwiegend auf Dächern und Holztürmen innerhalb der Städte und anderer Schutzobjekte in Stellung gegangen. Die steigenden Anflughöhen der Angreifer gaben ihr selten Wirkungsmöglichkeit, andererseits stiegen beim Wurf größerer Bomben die Verluste. Aus diesem Grunde löste man die leichten Batterien mehr und mehr aus diesem Einsatz und wies ihnen den Schutz tiefangriffsgefährdeter Punktziele zu (Brücken, Kernanlagen von Verkehrsknotenpunkten u. ä.), wo sie wirksamer waren als die schwere Flak.

Da das Luftflottenkommando 1 (Gen.Oberst Keller) im Rahmen der „Barbarossa"-Planung zur Unterstützung der Heeresgruppe Nord vorgesehen war, wurde als neue Kommandobehörde für die Heimatluftverteidigung am 24. 3. 1941 die Dienststelle Luftwaffenbefehlshaber Mitte (Gen.Oberst Weise) geschaffen, die am 5. 2. 1944 (ab 6. 1. 1944 unter Gen.Oberst Stumpf) in Luftflotte „Reich" umbenannt wurde. Wenn auch das XII. (Jagd-)Fliegerkorps weiterhin dem Luftwaffenbefehlshaber Mitte unterstellt blieb, so beweist die Tatsache, daß man einen hervorragenden Flakartilleristen mit der Luftverteidigung des Reichsgebietes beauftragte, den Vorrang, den man nun doch an oberster Stelle der Flakartillerie bei der Luftabwehr zumaß. Die Erfolge in den vorausgegangenen Feldzügen mögen dabei ebenso eine Rolle gespielt haben wie der Wille, die Masse der Jagdfliegerkräfte zur Unterstützung des Heeres verfügbar zu halten.

Bedauerlich blieb angesichts dieser Auffassungen, daß man nicht immer mit der gleichen Konsequenz um die beschleunigte Auslieferung verbesserter Waffen und Geräte für die Flak bemüht war.

Die Luftwaffe hatte kein eigenes Waffenamt. Verantwortlich für die Luftwaffenrüstung war der Generalluftzeugmeister (später Chef der technischen Luftrüstung), der auf allen Gebieten, vor allem bei den erdgebundenen Waffen und Geräten, auf Zusammenarbeit mit dem Heeres-Waffenamt angewiesen war. Bei Überführung der Flakartillerie vom Heer in die Luftwaffe im Jahre 1935 war das Referat „Flakentwicklung" ebenfalls zum RLM getreten.

Die Amtsgruppe für Flakentwicklung im RLM/OKL (Ag GL/Flak E), im Kriege lange Zeit mit Gen. v. R e n z an der Spitze, gliederte sich in folgende Abteilungen:

Abt. für Ballistik und Entwicklung der Flakmunition (GL/Flak E 1)
Abt. für Geräteentwicklung (GL/Flak E 2)
Abt. für Technische und Allgemeine Angelegenheiten (GL/Flak E 3)
Abt. für Waffenentwicklung (GL/Flak E 4)
Abt. für Flakrüstung (GL/Flak Rü).

In Anerkennung der technischen Möglichkeiten und der weitreichenden Erfahrungen des Heeres-Waffenamtes auf artilleristischem Gebiet war diese Lösung im Interesse der Konzentration der Kräfte vertretbar, solange es kein Wehrmachts-Waffenamt gab. Die Flak war eine erdgebundene Waffe; aus diesem Grunde war die enge Verbindung mit dem Heer das Gegebene. Aus der gleichen Konsequenz heraus rüstete später das Heer auch seine eigenen Flakverbände in enger Zusammenarbeit mit der Ag GL/Flak E aus.

Durch Eingriffe der Staatsführung und die hier und da auftretende ängstliche Wahrung von Kompetenzgrenzen innerhalb der Wehrmachtführung und zwischen den einzelnen Wehrmachtteilen war aber im Verlauf des Krieges eine Überorganisation in der Spitzengliederung aufgetreten, die alle Bemühungen um Zusammenfassung und maximale Leistung neutralisierte.

So mußten beispielsweise die Rohstoffe für die Flakrüstung dem Rohstoff-Kontingent der Luftwaffe entnommen werden, was zwangsläufig zu einem ewigen Tauziehen zwischen den hohen Bedürfnissen der fliegenden Verbände und der Flakartillerie aller Wehrmachtsteile führte.

Klappte die Zusammenarbeit auf diesem Gebiet zwischen dem Heer und der Luftwaffe im allgemeinen noch leidlich, so hakte sie zur Kriegsmarine, die ein eigenes Waffenamt besaß, häufig aus. Wie verheerend sich dieser Zustand allein auf einem Teilgebiet der Rüstung auswirkte, sei an einem Beispiel aufgezeigt.

Ende 1941 gab das OKL, General der Flakwaffe (Gen. v. Axthelm), den Befehl, in einigen Großstädten Flakbunker zu errichten, die mit 12,8 cm Zwillingsflak bestückt werden sollten. Die Kriegsmarine besaß bereits für die Bordflak ein Geschütz, das für diese Aufgabe gut geeignet erschien. Dennoch gelang es dem Heeres-Waffenamt nicht, die Konstruktionspläne vom Waffenamt des anderen Wehrmachtteiles zu erhalten. Man mußte den Umweg über eigene Neukonstruktion gehen, die Zeit und Rohstoffe kostete. Dabei war bei einer laufend verstärkten Kampffliegertätigkeit über dem Reichsgebiet äußerste Eile geboten. Am 1. Mai 1944 standen dann glücklich ganze 24 Stück der neuen 12,8 cm Zwillingsflak bei der Luftflotte „Reich" im Einsatz.

Man ist heute versucht, diese und andere Fehlentscheidungen auf dem Gebiet der Waffenentwicklung mit dem Schlagwort „Sabotage" abzutun. Ein solches Urteil wird aber den Dingen nicht gerecht. Tatsächlich war das ehrgeizige Beharren auf „Zuständigkeiten" an den Stellen, die das empfindliche und weitverzweigte Schaltbrett der deutschen Rüstungsindustrie zu bedienen hatten, in den weitaus meisten Fällen die Ursache für Entscheidungen, die im Hinblick auf den Menschenmangel und die Blockierung von wichtigen Rohstoffmärkten unverständlich bleiben müssen. Der Keim zu dieser Entwicklung war bereits in den Jahren des überhasteten Friedensaufbaus der Wehrmacht gelegt worden, vor dem verantwortungsbewußte militärische Befehlshaber wiederholt gewarnt hatten.

Die Auswirkungen dieser Situation bekam die Truppe zu spüren, die die Waffen und Geräte, deren sie zur Erfüllung ihrer immer schwieriger und umfassender werdenden Kampfaufgaben benötigte, gar nicht oder zu spät erhielt. Auch diese Behauptung mögen nur einige prägnante Beispiele untermauern.

1941 war die Entwicklung der 8,8 cm Flak 41 abgeschlossen. Es war der deutschen Technik gelungen, das beste Flakgeschütz der Welt zu konstruieren, das die guten Leistungen der 8,8 cm Flak 18/36/37 wesentlich erhöhte und zugleich die guten Elemente der nicht allseits befriedigenden 10,5 cm Flak 38/39 in sich vereinigte. Nach Vorbereitung der Serienfertigung und Auslieferung der ersten Kanonen stoppte das Rüstungsministerium die weitere Fertigung plötzlich ab, weil man pro Kanone 500 Kilogramm Stahl mehr benötigte als für die schlechtere 8,8 cm Flak 18. Das geschah, obwohl die ersten Einsatzerfahrungen die klare Überlegenheit dieser Neukonstruktion gegenüber allen anderen schweren Flakwaffen bewiesen hatte, die sogar den Mehrverbrauch von rund 500 Arbeitsstunden (gegenüber rund 4500 je 8,8 cm Flak 18) rechtfertigte. Trotz Einspruchs des Generals der Flakwaffe im OKL wurde stattdessen die Fertigung der 8,8 cm Flak 18 und der 10,5 cm Flak 38/39 forciert, wobei man bei letzterer rund 1500 Kilogramm Stahl mehr benötigte als bei der 8,8 cm Flak 41!

Erst im Frühjahr 1944, als weite Teile der Städte des Reichsgebietes bereits in Trümmern lagen, konnte der General der Flakwaffe den Anlauf eines neuen Fertigungsprogramms 8,8 cm Flak 41 durchsetzen, das nun aber unter dem Einfluß der Zerstörangriffe nicht mehr zum Zuge kommen konnte. Das Ergebnis dieser Entscheidungen war, daß bei der Flakartillerie der Luftwaffe im Februar 1945 9302 8,8 cm Flak 18/36/37 und 1884 10,5 cm Flak 38/39 ganze 287 8,8 cm Flak 41 gegenüberstanden, wobei die letztere 4500 Meter höher reichte als die 10,5 cm Flak und über 5000 Meter höher als die älteren 8,8 cm Flak-Geschütze. Am 1. 9. 1944 hatte man 31 Stück 8,8 cm Flak 41 und 393 10,5 cm Flak im Bereich der Luftflotte „Reich" im Einsatz. Die Industrie lieferte im Februar 1945 noch 21 10,5 cm Flak, aber nur 8 8,8 cm Flak 41 aus. Auch diese Zahlen unterstreichen das Dilemma, das Fehlentscheidungen dreieinhalb Jahre zuvor heraufbeschworen hatten.

5. Die Einsätze der Flakartillerie auf dem Balkan 1941 und in Afrika

Anfang April 1941 befahl die Staatsführung überraschend den Angriff gegen Jugoslawien, wo ein Staatsstreich die Gefahr eines Abschwenkens in das Lager der Gegner des Reiches heraufbeschworen hatte, und die Liquidierung des italienisch-griechischen Krieges. Im Verlauf weniger Tage mußten aus der Aufmarschbewegung gegen Sowjetrußland zahlreiche Verbände, vorwiegend schnelle Truppen und Gebirgsdivisionen, herausgelöst und ab 6. April gegen Jugoslawien und Griechenland geworfen werden. Mit ihnen kämpften unter dem Oberbefehl der Luftflotte 4 (Gen.Oberst Löhr) wiederum Einheiten der motorisierten Flakartillerie, vor allem des II. Flakkorps, im Verbande der Pz.Gr. v. Kleist und der AOK 2 (Gen.Oberst Frhr. v. Weichs) und 12 (Gen.Feldm. List) mit ähnlichen Kampfaufträgen, wie sie im Westfeldzug gestellt worden waren.

Bei den harten Kämpfen um den Rupelpaß und beim Durchbruch durch die von den Griechen zäh verteidigte Metaxaslinie zeichneten sich vor allem schwere Batterien und Flakkampftrupps unter den Oblt. Dienhold (3./23), Neubert und Jäger aus, wobei allein letzterer im direkten Beschuß 30 Bunker, 8 Panzerkampfwagen und 12 Punktziele anderer Art außer Gefecht setzte. Dadurch wurde den angreifenden Gebirgsjägern eine Bresche durch das tiefgegliederte, starke Befestigungssystem geschlagen und den schnellen Truppen der

Weg zu raumgreifenden Vorstößen und Verfolgungskämpfen geöffnet. An den auch im Wehrmachtsbericht vom 15. 4. 1941 erwähnten Kämpfen mit britischen Panzerkräften im Raume zwischen Ptolemäus und Kozani (30 Panzerabschüsse) war eine 3,7 cm Flakbatterie auf Selbstfahrlafette, die den eigenen Panzerverband begleitete, hervorragend beteiligt. Den verhältnismäßig schwachen Gegner in der Luft zerschlugen die starken eigenen Jagd- und Kampffliegerverbände, so daß die Flak nur selten zum Luftzielbeschuß kam (insgesamt 8 Abschüsse).

Nach Abschluß der Kämpfe auf dem Balkan am 2. Mai 1941 wurde die Masse der mot. Flakartillerie zusammen mit den schnellen Truppen in die Bereitstellungsräume der Heeresgruppe Süd in Rumänien und Bulgarien zurückgeführt und für die kommenden Aufgaben aufgefrischt. Einzelne Einheiten übernahmen vorübergehend den Luftschutz der Luft- und Marine-Stützpunkte für das Kretaunternehmen, das am 20. 5. 1941 anlief, oder wurden im Verbande der Landungstruppen mit eingesetzt. Später wurden auch sie nach Ablösung durch Luftgauflak aus der Heimat erneut für den beweglichen Einsatz an der Ostfront freigemacht.

Die Flak auf Kreta wurde später unter dem R.St./Flak-Rgt. 58 (o) (Kdr.: Oberst Massing) zusammengefaßt.

Am 11. 2. 1941 landeten die Vorausabteilungen des Deutschen Afrika-Korps (Gen. Rommel) in Tripolis. Im Verbande der 5. Leichten Division folgte als erste mot. trop. Flakabteilung die I./Flakregiment 33 unter Hauptmann Fromm, da man auch auf diesem Kriegsschauplatz auf die Flak als unentbehrliche Mitkämpferin der schnellen Truppen des Heeres nicht verzichten konnte. Ebenfalls mit der 1. Welle traf vom Heer das (leichte) Fla.-Bataillon 606 (mot. trop.) in Afrika ein.

Die alle Erwartungen erfüllenden Erfolge, insbesondere wiederum beim Einsatz in vorderster Linie in Zusammenarbeit mit den Panzerverbänden (Panzerabwehr und Erdkampf), führten bei Ausweitung des afrikanischen Kriegsschauplatzes zur Umrüstung weiterer Flakabteilungen auf mot. trop. und deren Verlegung nach Afrika.

Der Kampf in Nordafrika war ein Bewegungskrieg über große, meist unbesiedelte Räume. Panzertruppe und Flakartillerie wuchsen auch unter den erschwerten klimatischen Bedingungen schnell zu verläßlichen Kampfgefährten zusammen. Diese Kampfgemeinschaft gewann dadurch ein besonderes Gewicht, als hier, erstmalig seit Kriegsbeginn, die Luftüberlegenheit meist nicht auf der deutschen Seite lag. Zahlenmäßig weit überlegene und wesentlich besser versorgte britische Verbände machten sie in einem Ausmaß streitig, das die Heranführung des in der Wüste besonders umfangreichen Nachschubs über die wenigen, unzureichend geschützten Versorgungswege zum wichtigsten Problem für die kämpfende Truppe werden ließ.

Diese Lage, die Weite des Operationsgebietes, die Länge der Nachschubwege und der Schutz der wenigen für die Truppenversorgung lebenswichtigen Häfen (Tobruk, Benghasi, Marsa Matruk und Tripolis), forderte eine Verstärkung der Flakartillerie auch im Hinterland durch bewegliche Verbände; dies umsomehr, als sich die italienische Flakartillerie wegen veralteter Ausrüstung und mangelnden Kampfgeistes (man schoß möglichst erst beim Abflug des Angreifers) ihrer Aufgabe nicht gewachsen zeigte.

In Nordafrika wurde im Jahre 1941 für die Bodenorganisation der Fliegertruppe und die Versorgung der in Afrika eingesetzten Verbände der Luftwaffe der Luftgaustab z.b.V. „A f r i k a" (Kdr. zuletzt Gen. Lt. M ü l l e r) eingesetzt, dem eigene Flakkräfte zugeführt wurden. 1942 wurde die Luftgauflak Afrika unter dem R.St./Flakregiment 114 (mot. trop.) zusammengefaßt, dem u. a. die gem. Flakabteilungen (mot. trop.) 114 und 135 (?), die le. Flakabteilung 841 und die Flakscheinwerfer-Abteilung 329 unterstellt waren.

Für die Zusammenarbeit mit der Panzerarmee Afrika standen im August 1942 folgende Flakabteilungen (mot. trop.) zur Verfügung: I./6, I./18, II./25, I./33, I./43 und I./53. Im wesentlichen handelte es sich hierbei um bewährte Frontabteilungen aus den beiden Flakkorps, die dem R.St./Flak Rgt. 135 (Kdr.Oberst W o l z) bzw. R.St./ Flak Rgt. 102 (Kdr. Oberst N i c o l a i) unterstellt waren. Die Afrika-Divisionen des Heeres verfügten darüber hinaus noch über ihre eigenen Fla.-Kompanien und -Bataillone (sf) mit 2 cm und 3,7 cm Flakwaffen.

Am 15. August 1942, zu einem Zeitpunkt, an dem die deutsch-italienische Panzerarmee in der Alamein-Stellung stand, wurde als Kommandobehörde für den Einsatz der Luftwaffen-Flak in Nordafrika im Zuge der Umorganisation der Flakartillerie der Stab der 19. Flakdivision (mot. trop.) durch den O. B. Süd (Feldmarschall K e s s e l r i n g) in Sizilien aufgestellt und nach Afrika überführt. Das Personal des Div.-Stabes kam teilweise vom Stab der VII. Flak-Brigade (Sizilien). Auf dem Kriegsschauplatz traten unter den Befehl dieser Division (Kdr. bis Dez. 1942 Gen.Lt. Burchardt, dann Gen.Lt. Frantz - Ia bis Febr. 1943 Maj. i. G. Sieber, dann Maj. i. G. Hahn) zunächst nur die R.St. 102 und 135 mit unterstellten Abteilungen, während das Regiment 114 bis zu Beginn der Rückzugskämpfe weiterhin dem Kommandeur des Luftgaustabes Afrika zur Verfügung stand, später aber als drittes Regiment zur 19. Division kam.

Im ersten Teil des Afrikafeldzuges wurden die mot. Abteilungen mit dem Schwerpunkt zur Panzerbekämpfung und zum Erdeinsatz herangezogen, wobei insbesondere die Einheiten des meist in der ersten Welle stehenden Regiments 135 im beweglichen Einsatz hervorragende Waffentaten[1]) erzielten. So vernichtete Hptm. Fromm mit der I./33 in den dreitägigen harten Kämpfen um Sollum mehr als 80 britische Panzer, wovon 13 allein auf das Geschütz des hierfür ebenfalls mit dem Ritterkreuz ausgezeichneten Wm. Reinhard Melzer entfielen. Das Regiment 102 (und später auch 114) wurde vorwiegend zum Schutz von Marschwegen, Versammlungsräumen, Versorgungszentren und der Ausladehäfen eingesetzt, während der Masse des Regiments 114 der Schutz der Feldflughäfen und Fliegerhorste oblag. Angesichts der Vielseitigkeit der Kampfaufträge, die die Verbände der 19. Flakdivision zu lösen hatten, und im Hinblick auf die bei der Weite der Operationsräume unzureichenden Flakkräfte erwies sich die Spezialisierung insofern als richtig, weil sie eine Vertiefung der Ausbildung auf ganz bestimmte Kampfaufträge ermöglichte.

Die Afrika-Flakdivision hat in allen Lagen ihr Bestes gegeben und ihre soldatische Pflicht vom ersten Einsatztage bis zum Endkampf in Tunis getreu erfüllt, obwohl sie unter Bedingungen kämpfen mußte, die vorher noch nirgends aufgetreten waren.

Als nach Anlandung der Alliierten in Afrika (Marokko und Algier) die Verbände der 5. Panzerarmee in den Brückenkopf Tunis geworfen wurden, stellte Ob. d. L. ebenfalls mot. Flakkräfte zur Verfügung, die in der 20. Flakdivision (mot) (Kdr: Gen.Lt. Neuffer, Ia: Maj. i. G. Britze) zusammengefaßt waren. Die Abteilungen dieser Division erlitten bereits auf dem Seetransport über das Mittelmeer erhebliche Verluste; im Kampf um Tunis erlebten sie dann die vernichtende Wirkung der erstmalig in vielfacher Überlegenheit auch über dem Hauptkampffeld eingesetzten Jabo- und Bomberflotten des

[1]) Vor Tobruk schoß eine im Küstengebiet eingesetzte 8,8 cm Flakbatterie von vier englischen Zerstörern zwei im Artilleriekampf zusammen.

Gegners. Zusammen mit den überlebenden Kameraden der 19. Division und der Afrikatruppen des Heeres kamen auch die Soldaten der 20. Flakdivision am 13. Mai 1943 bei der Kapitulation in alliierte Gefangenschaft.

Einmal im Verlauf des zweiten Weltkrieges ist Flakartillerie der Luftwaffe auch im Nahen Osten, also in Asien, eingesetzt worden, was der Vollständigkeit halber registriert werden soll. Als in der ersten Hälfte des Jahres 1941 ein unter dem Einfluß der deutschen Siege gestarteter Staatsstreich den Irak dem britischen Einfluß zu entziehen suchte, landeten, von Kreta aus kommend, schwache Kräfte der deutschen Luftwaffe zur Unterstützung. Bei ihnen befand sich auch eine 2 cm Flakbatterie, der der Schutz des deutschen Fliegerhorstes bei Bagdad zugedacht war. Nach Scheitern des Unternehmens verließ dieser Verband unter Verlust des größten Teiles seiner Ausrüstung nach kurzer Zeit seinen kleinen Landekopf, den die oberste Führung trotz großräumiger strategischer Planungen nur mit unzulänglichen Mitteln aufgebaut hatte. (Unternehmen „Attila" in Zusammenarbeit mit den Vichy-freundlichen französischen Truppen in Syrien und im Libanon).

6. Die Wende 1941/42

Abgesehen von der verlustreichen Luftschlacht um England und den Kampfhandlungen um Kreta hatten die Kampfverbände der Luftwaffe, die Flieger und die Flakartillerie, in den vorausgegangenen „Blitzfeldzügen" ohne wesentliche Ausfälle hervorragende Erfolge errungen und die in sie gesetzten Erwartungen erfüllt. Personell und materiell aufgefüllt standen sie mit ihrer Masse für neue Aufgaben bereit.

Zwar waren einige Jagdfliegergeschwader und vor allem der überwiegende Teil der Flak in der Heimatluftverteidigung gebunden, doch glaubte man darin, im Frühjahr 1941, keinen Grund für eine Beunruhigung zu sehen. Die von der Kanalküste tief ins Reichsgebiet hineingegliederte starke Abwehr fühlte sich, trotz mancher noch nicht erfüllter Forderungen auf Verbesserung ihrer Kampfmittel, angesichts des weiten Vorfeldes im Westen den ohne Jagdschutz anfliegenden britischen zweimotorigen Bomberverbänden, die überdies nicht allzu groß waren, voll gewachsen. Zudem hatte man nur gegen einen Gegner zu kämpfen, der mit seinen Kräften trotz anlaufender USA-Hilfe noch haushalten mußte.

Als am 22. Juni 1941 die deutschen und verbündeten Streitkräfte in breiter Front von Finnland bis zum Schwarzen Meer zum Angriff gegen die Sowjetunion antraten, standen die motorisierten Flakabteilungen mit den Verbänden des Heeres von der ersten Stunde an an allen Brennpunkten im Einsatz, mit Kampfaufträgen, die denen im Westfeldzug entsprachen. Die beiden Flakkorps, deren Ausrüstung ebenso wie die der gesamten für den beweglichen Einsatz vorgesehenen Flakabteilungen verbessert worden war (Selbstfahrlafetten bei den leichten Abteilungen fast allgemein, vermehrte Kfz.-Ausstattung, Zgkw. nun auch für die Kommandogeräte), wurden in den Schwerpunkten bei den Panzergruppen 2 und 3 (Guderian und Hoth) der Heeresgruppe Mitte und bei der Panzergruppe 1 (v. Kleist) der Heeresgruppe Süd eingesetzt. Starke weitere Verbände begleiteten die Heeresgruppe Nord auf ihrem Stoß auf Leningrad.

Das Auftreten unerwartet starker russischer Fliegerverbände, die vor allem in den ersten Tagen rücksichtslos die Marschspitzen auf den Rollbahnen angriffen, brachte eine Fülle von Aufträgen, zumal die eigenen Jagdfliegerkräfte bei den ausgedehnten Fronten nicht überall sein konnten. Dazu traten auf der Feindseite starke Panzer in Erscheinung, deren sich die meist noch mit der 3,7 cm und der 5 cm Pak (damals wurde der Name „Heeresanklopfgerät" geboren) ausgerüsteten Pak-Komp. nur schwer zu erwehren vermochten. Nur die 8,8 cm Flak zeigte sich diesen Kampfwagen gegenüber gewachsen. Diese Erkenntnis steigerte die Anforderungen auf Erdeinsätze schnell zu einem Ausmaß, dem die Truppe beim besten Willen aus Mangel an Kräften und den nicht an Bedeutung verlierenden Luftschutzeinsätzen nicht mehr im vollen Umfang entsprechen konnte.

Überall, wo im raschen Vorwärtsdrängen der ersten Wochen und Monate des Rußlandfeldzuges die Tagesziele wegen massierten Widerstandes des Gegners gefährdet waren, beim Erkämpfen der Übergänge über die quer zur Stoßrichtung laufenden zahlreichen Fluß- und Sumpfbarrieren, beim Durchbruch durch die russischen Grenzbefestigungen an der früheren polnischen Grenze und durch die Stalinlinie und in allen Krisenlagen mußten Flakkampftrupps oder ganze Batterien und Abteilungen in die Angriffsspitzen eingegliedert werden, um Luft zu schaffen. Mit der Vielzahl ihrer Erfolge stieg auch der gute Ruf der Flak an der Front, zugleich aber wuchsen ihre Verluste an Menschen und Material.

Das I. Flakkorps (Gen. von A x t h e l m) vernichtete im Ostfeldzug in der Zeit vom 22. Juni bis etwa Mitte September 1941 rund 300 Flugzeuge und über 3000 Panzerfahrzeuge aller Art.

Angesichts der jahrelangen heroischen Leistungen aller Teile des deutschen Ostheeres wäre es vermessen, die Waffenleistungen der Flakartillerie besonders hervorzuheben. Es mag hier die summarische, tausendfach im Fronteinsatz bewiesene Feststellung genügen, daß die Flak ihre soldatische Pflicht als untrennbarer Bestandteil der kämpfenden Truppe voll erfüllte.

Verbände der Flak hatten Anteil am Erfolg der großen Kesselschlachten des ersten Kriegsjahres in Rußland und drangen mit den schnellen Truppen Guderians bis in die äußersten Verteidigungslinien Moskaus ein. Sie kämpften gegen den Gegner an der Front wie gegen die zusätzlichen Schwierigkeiten des weiten Landes. Mit anderthalbfacher Munitions- und doppelter Betriebsstoff-Ausstattung waren die Batterien gegen Rußland angetreten; die überladenen Fahrzeuge erlitten, wie von der Truppe vorausgesehen, auf den meist schlechten Straßen und Wegen Federbrüche und ernstere Schäden.

Als der harte Winter 1941/42 die Wehrmacht vor den Toren Moskaus und Leningrads sowie tief in der Ukraine überraschte, klammerten sich die durch die vorausgegangenen pausenlosen schweren Einsätze und die Gewaltmärsche personell und materiell dezimierten Flakverbände zusammen mit den Truppen des Heeres in Schnee und Eis fest und hielten die dünnen, überdehnten Stützpunktlinien. Dabei ging es ihnen im Kampf gegen Eissturm und Kälte oft noch besser als den Kameraden im feldgrauen Kleid. Hatte doch beispielsweise das Gen.Kdo. I. Flakkorps (Gen. v. Axthelm) schon in den Bereitstellungsräumen im Generalgouvernement im Mai/Juni 1941 die Abgabe der vorhandenen Winterbekleidung (wattegepolsterte weite Übermäntel, Kopfschützer, Handschuhe und Leibbinden) verboten und die Mitführung angeordnet. Soweit die Fahrzeugverluste während des Feldzuges es zugelassen hatten, war diesem Befehl voll entsprochen worden, so daß diese Sonderbekleidung bei vielen Einheiten im entscheidenden Moment greifbar war.

Zum ersten Mal in diesem Weltkrieg zitterte die gelichtete Front unter dem Ansturm frischer, kältegewohnter sibirischer Divisionen. In diesen ersten kritischen Wochen des Krieges warf das OKW improvisiert all das an die Front im Osten, was schnell verfügbar gemacht werden konnte. Neben Heeresdivisionen aus dem Westen und der Heimat eilten überhastet aus der Not heraus von der Luftwaffe aufgestellte Erdkampfverbände nach dem Osten, um Lücken zu schließen und um Schlimmeres zu verhüten. Schnell zusammengerafftes jüngeres Personal aus der Bodenorganisation der Fliegertruppe, Flak aus der Heimatluftverteidigung, Luftnachrichtensoldaten und Luftwaffen-Bautruppen wurden in wenigen Wochen zu Kampfverbänden zusammengefaßt und nach Schnellausbildung an die Front geworfen.

Der erste Verband, der Luftwaffenkampfverband „Schlemm", marschierte in Eilmärschen auf Kfz. von den Aufstellungstruppenübungsplätzen in Mitteldeutschland, als schwere Waffen anfangs im wesentlichen nur mit 2 cm und 8,8 cm Flak ausgestattet, im Dezember 1941 direkt in den Einsatz an eine Krisenstelle, die Naht zwischen den Heeresgruppen Nord und Mitte. In schneller Folge schlossen sich ihm die Luftwaffen-Felddivisionen an, jene nicht zu Unrecht so umstrittene Formation des Ob.d.L., die wieder einmal dem Ehrgeiz der Führung eines Wehrmachtteiles entsprungen war. An diesen schließlich 22 Luftwaffen-Felddivisionen hatte die Flakartillerie aus der Heimat personell und materiell hohen Anteil. Außer den Divisions-Flakabteilungen stellte sie die Masse des Personals und der Ausrüstung für die schweren Kompanien der Lw.-Jägerregimenter, die Panzerjäger-Abteilungen und die Artillerieeinheiten, wobei sie sich nach Kräften im härtesten Einsatz bemühte, die Front zu stützen, obwohl unzureichende Ausbildung für den Erdeinsatz und überhastete Improvisation von vornherein den Krankheitskeim in diese Verbände gelegt hatten.

Es wäre zweifellos richtiger gewesen, wenn das, was unter dem Zwang der praktischen Erfahrungen mit wenigen Ausnahmen im Jahre 1943 nach großen Blutopfern befohlen wurde, von Anfang an durchgeführt worden wäre: Ausbildung bzw. Umschulung des ausgekämmten Luftwaffenpersonals durch das Heer und Einordnung in die gelichteten, bewährten Heeresdivisionen oder, bei der Flakartillerie, Auffüllung und Vermehrung der motorisierten Flakverbände an der Front.

Es gab, wie die Kriegsgeschichte des Jahres 1941 und der Folgezeit bis zum bitteren Ende beweist, im Osten keine Kampfhandlung von Bedeutung, an der die Flakartillerie nicht irgendwie Anteil hatte. Besonders bei den Winterkämpfen, die dem Einsatz der Fliegerverbände auf beiden Seiten Grenzen zogen, waren die Einheiten vorwiegend zur Verstärkung der Heeresartillerie und der Panzerjäger im Erdkampf eingesetzt. Die dadurch bedingte erhöhte Rohrabnutzung und die Entfremdung von der eigentlichen Kampfaufgabe, dem Feldluftschutz, mußte zwangsläufig in Kauf genommen werden.

Planmäßig waren der Fronttruppe im rückwärtigen Gebiet Feld-Luftgaue nachgezogen, um die Bodenorganisation der Luftwaffe aufzubauen und diese von den weit zurückliegenden Fliegerhorsten in der Heimat unabhängig zu machen. (Lange Zeit bis nach 1943 hinein trug der Feld-Luftgau im Bereich des rückwärtigen Gebiets der Heeresgruppe Mitte und des Reichskommissariats Weißrußland in Minsk den Namen „Moskau", womit man dem tatsächlichen Ablauf der Ereignisse weit vorausgeeilt war). Unter ihrem Befehl hatten aus der Heimat nachgezogene Reserve-Flakverbände und mot. Abteilungen den Luftschutz der wichtigsten Versorgungszentren übernommen. In der Folgezeit bildeten diese Verbände zugleich die stärkste Reserve für die Sicherung des Hinterlandes gegen eingesickerte feindliche Kampfverbände, Fallschirmjäger und Partisanen.

Die Luftabwehr im Osten gegen russische Kampfverbände, die sporadisch ab 1942 häufiger nachts auch weit im Hinterland angriffen, hatte taktisch nicht mit den gleichen Schwierigkeiten einer rasch fortschreitenden Waffenentwicklung zu kämpfen wie die Verbände, die zum Schutz gegen die Gegner im Westen eingesetzt waren. Die russischen Kampffliegerverbände für operative Luftkriegsführung traten trotz der Zuführung von besseren, wenn auch zweitrangigen Bombern aus der USA-Produktion bis zum Kriegsende bei der Anwendung von Angriffsverfahren im wesentlichen auf der Stelle. Zwar wurden die Zielräume durch Leuchtbomben aufgehellt, ansonsten flogen die russischen Bombergruppen, oft durch Funk nur mangelhaft geführt, nach Bodenorientierung in mondhellen Nächten im stark aufgelockerten Bomberstrom zum Sektoren-, gelegentlich auch zum konzentrischen Angriff an. Normalerweise wurden dabei 30—60, seltener 100—120 Kampfflugzeuge in Abständen von 2—5 Minuten einzeln auf das Ziel angesetzt, die dann meist in den Raum einmal am Boden erstandener Brände oder auch in Flakstellungen ihre Bombenlast abwarfen. Rotterdam-Geräte zur Zielfindung bei unsichtigem Wetter gab es nicht.

In einer in der schweizerischen Zeitschrift „Flugwehr- und Technik" (Februar 1951) veröffentlichten Studie über die drei Großangriffe russischer Fernkampf-Fliegerverbände auf die finnische Hauptstadt Helsinki am 6., 16. und 26. Februar 1944 gibt Oberst P. Jokipaltio einige Zahlen, die als Beispiel für die damaligen Leistungen der russischen Bomberwaffe gelten können: Die Angriffe erfolgten jeweils in mehreren Wellen und aus verschiedenen Richtungen, und zwar am 6. 2. mit etwa 200 Kampfflugzeugen zwischen 19.10 bis 04.15 Uhr aus Höhen zwischen 4000—5000 Metern, am 16. 2. mit rund 300 Bombern zwischen 19.55 bis 05.43 Uhr, und schließlich am 26. 2. mit insgesamt etwa 700 Kampfflugzeugen zwischen 17.25 bis 05.05 Uhr. In den drei Angriffsnächten wurden insgesamt etwa 12 000 Bomben aller Kaliber geworfen, von denen jedoch nur 530 in das Zielgebiet (Stadt Helsinki) fielen, wobei rund 100 Personen getötet und etwa 219 Gebäude beschädigt oder zerstört wurden.

Die im Kampfauftrag befohlene Anflugsrichtung und -Höhe wurde auch bei massiertem und gut liegendem Flakfeuer stur und ohne Rücksicht eingehalten. Wo das ausnahmsweise nicht der Fall war, trugen meist zweifelsfrei Navigationsfehler der Besatzung oder schlechte Führung des Verbandes die Schuld. Es sei aber ausdrücklich darauf hingewiesen, daß man heutzutage mit fliegerisch erheblich besser ausgebildeten russischen Kampfverbänden zu rechnen hat.

Die sich bei dieser Angriffstaktik in die Länge ziehenden Angriffe erhöhten naturgemäß den Munitionsverbrauch und damit auch den Verschleiß der besonders hoch beanspruchten Rohre der Flakwaffen. Andererseits war es vielfach möglich, den Angreifer durch die Anlage von teilweise beleuchteten Scheinanlagen auf freiem Feld wirksam zu täuschen, besonders dann, wenn nach den ersten Bombenwürfen in Nähe der Scheinanlagen Reisighaufen als „Erfolgsfeuer" ferngezündet wurden. Der Russe warf dann meist prompt, Maschine für Maschine, die Bomben um dieses Feuer. In diesen Scheinanlagen wurden beispielsweise Bahnhofsanlagen durch einzelne schlecht abgedunkelte Lichter und durch Glasscherben in Holzrahmen (Gleise) erfolgreich markiert.

Ähnlich wie die deutsche Luftwaffenführung ab 1937 hatte auch das russische Oberkommando den Schwerpunkt der Luftwaffenrüstung auf die Jagd- und Schlachtfliegerverbände zur unmittelbaren Unterstützung des Heeres als verlängerte, schnelle Artillerie verlagert. So traten an den Brennpunkten der Kämpfe stets starke mit Bordwaffen und Splitterbomben kämpfende Schlachtfliegerverbände in Erscheinung, die an den lebenswichtigen Teilen ihrer Flugzeuge (Jl 2, 17 u. a.) gegen den Beschuß leichter Flakwaffen stark gepanzert waren. Die Abwehr gegen diese meist rücksichtslos anfliegenden Verbände mußte fast ausschließlich von den in die HKL und die Artillerieräume eingegliederten leichten Flakbatterien und den Fla.-Einheiten des Heeres getragen werden, da die eigenen Jagdverbände nach Abziehen starker Teile nach dem Westen sich laufende Überwachungsflüge nicht mehr leisten konnten oder aber nach Alarmstart meist zu spät kamen, da der Gegner nicht allzuweit hinter die Front einzudringen pflegte und sofort nach Erfüllung seines Überraschungsauftrages abdrehte.

Die Vielseitigkeit der Kampfaufträge der Flakartillerie an der Front und in der Heimat im bisherigen Verlauf des Krieges beweist zusammenfassend am besten ein Überblick über die anerkannten Waffenerfolge. Nach Unterlagen aus dem Generalstab der Luftwaffe wurden u. a. in der Zeit vom 1. 9. 1939 bis zum 31. 10. 1941 der Luftwaffen-Flak an allen Fronten die nachfolgend aufgeführten Erfolge zuerkannt. Es wurden im Kampf vernichtet:

5381 Flugzeuge (davon rund 2000 im Rußlandfeldzug)
1253 Bunker und Widerstandsnester
34 Panzerforts und 1 Zitadelle (Boulogne)
1930 Panzer und Panzerspähwagen
279 Batteriestellungen
2901 Geschütze aller Kaliber und Granatwerfer
5631 M.G.-Nester
5024 Kraftfahrzeuge
119 Kolonnen
55 Transportzüge
4 Zerstörer und Torpedoboote
19 kleinere Kriegsschiffe
16 Transportschiffe
32 Munitionslager.

Als Beute wurde durch Flakartilleristen eingebracht:

254 Flugzeuge
32 Geschütze
1 Panzerzug
10 Transportschiffe
7 Kanonenboote
5 Schnellboote
1 kleineres Kriegsschiff

Gefangen wurden 48 914 Mann.

7. Die Umorganisation der Flakartillerie 1942/43

Trotz der Abgaben an die Luftwaffen-Felddivisionen und Neuaufstellung von rund 180 schweren und 140 leichten Batterien im Laufe des Jahres gelang es, bis zum Frühjahr die in den Winterschlachten dezimierten Frontverbände materiell und personell aufzufüllen. Dabei wirkte sich das am 10. 10. 1941 unter dem Zwang eines härter werdenden Luftkrieges vom OKW befohlene Schwerpunktprogramm, das u. a. auch ein Flakprogramm und ein Flak-Munitionsprogramm umschloß, entlastend aus. Nicht möglich wurde jedoch die vom Heer geforderte Vermehrung der mot. gl. Abteilungen an der Front. Aus diesem und aus anderen Gründen, die an späterer Stelle erörtert werden, begann daraufhin das OKH mit der Aufstellung eigener Flakverbände, der Heeres-Flak.

Aus operativen und taktischen Überlegungen befahl OKL eine Umgliederung der Flakkorps, die zugleich eine straffere Führung der im Operationsgebiet vorhandenen mot. Flakabteilungen der Luftwaffe zum Ziele hatte. Die Ausdehnung der Fronten hatte dazu geführt, daß die einzelnen Regimenter und Abteilungen der Korps sich im Angriffsstreifen ihrer Heeresgruppen soweit auseinanderzogen, daß die immer wieder notwendig werdende Schwerpunktbildung zeitraubende Umgruppierungen zur Folge hatte.

Unter Zusammenfassung der selbständigen Abteilungen, die den Kommandobehörden des Heeres und der Fliegertruppe bislang unterstellt waren, wurden die Flakkorps unter Bildung eines III., IV. und V. vermehrt, gleichzeitig aber in 2—3 Flak-Divisionen oder -Brigaden (mot.) mit je 2—3 gemischten Regimentern und einigen leichten Flak-Abteilungen unterteilt. Dabei sollte das Flakkorps nach wie vor alle Luftwaffen-Flakverbände innerhalb einer Heeresgruppe zusammenfassen. Die großen Verluste im Laufe der Jahre 1942/43 verhinderten die volle Durchführung dieser Planung.

Das Gen.Kdo. II. Flakkorps (Gen.Oberst D e ß l o c h) wurde im Frühjahr 1943 zum Luftwaffenkommando „Kaukasus", später „Kuban", umgebildet, danach dann aber wieder ein neues Gen.Kdo. II. Flakkorps aufgestellt. An Fronten, an denen die Zahl der verfügbaren Flakverbände eine Zusammenfassung in Korps nicht zuließ, bildeten Flakdivisions- oder Flakbrigade-Kommandos die höchsten Führungsstellen der Flakartillerie der Luftwaffe.

Das auch im Osten wiederum erfolgreiche Flak-Regiment „General Göring" wurde Anfang 1942 zu einer gemischten Luftwaffenbrigade erweitert und speziell für die Zusammenarbeit mit abgesprungenen Fallschirmjägern geschult. Im Spätherbst 1942 entstand dann aus dieser Brigade die (Fallschirm-) Panzer-Division „Hermann Göring" mit einem eigenen Flakregiment (mot.). Zwei Jahre später erfolgte die Erweiterung zum Fallschirm-Panzerkorps „Hermann Göring" mit 2 kleineren Panzer-Divisionen und einer ähnlichen Gliederung, wie sie das etwa gleichzeitig aufgestellte Panzerkorps „Großdeutschland" erhielt. Beide Namensdivisionen bzw. Korps erwarben sich, an den Brennpunkten der Kämpfe als „Feuerwehr" eingesetzt, hohen Waffenruhm.

Für die Zusammenarbeit der mot. Flakverbände an der Front mit dem Heere sollte folgende Norm gelten:

Luftwaffe:	Heer:
Luftflottenkommando Luftwaffenkommando Gen.Kdo./Flakkorps	Heeresgruppe
Flak-Division (mot.) Flak-Brigade (mot.)	Heeresgruppe oder Armee
Flak-Regiment (mot.) Flak-Abteilung	Panzer- oder Armee-Korps Division

Im gleichen Zeitraum wurden fast alle leichten Abteilungen auf Selbstfahrlafetten umgerüstet. Ebenso wurden dem steigenden Schlachtfliegereinsatz auf der Feindseite entsprechend allen leichten Batterien und Abteilungen vermehrt 2 cm Flakvierlinge oder 3,7 cm Flak zugeführt.

Darüber hinaus wurde als taktisches Kampfmittel der schweren Flak gegen Tiefangriffe auf die eigene Feuerstellung das sogenannte Nahfeuer eingeführt, mit dem verschiedentlich beachtliche Abschußerfolge erzielt werden konnten; ganz abgesehen von der erheblichen moralischen Wirkung.

Auch im Heimatgebiet und in den besetzten Gebieten wurden die Flakkräfte unter Umwandlung der Luftverteidigungskommandos in Flak-Divisionen und -Brigaden zusammengefaßt. Flak-Divisionen und -Brigaden hatten eine Stärke von rund 10 — 15 000 Mann, wobei keineswegs die Bezeichnung „Brigade" immer die kleinere Einheit bedeutete. Die Kriegsgliederung dieser Verbände änderte sich nach den Erfordernissen der Luftlage häufig, was wiederum zur Folge hatte, daß manche Brigaden, zumindest vorübergehend, wesentlich stärker waren als einzelne Divisionen. Durch diese waffeneigenen Führungsstellen sollte angesichts der stetig steigenden Abwehraufgaben die notwendige straffe Führung und die Schwerpunktbildung in Anpassung an die wechselnde Luftkampflage gesichert werden. Die Flakdivisionen und -Brigaden blieben dabei den Befehlshabern in den Luftgauen oder Feld-Luftgauen unterstellt, deren Verantwortung für die Luftverteidigung ihres Befehlsbereiches durch die organisatorische Zusammenfassung der Flakkräfte nicht berührt wurde.

Zur Erhöhung der Feuerkraft der Erdabwehr, die durch den Einflug stärkerer und schnellerer Kampfverbände vom Westen her erzwungen war, wurden die 8,8 cm Batterien in der Heimat nach und nach auf 6 und später teilweise sogar auf 8 Kanonen verstärkt. Durch diese Maßnahme wurde zugleich die Beanspruchung der Personaldecke gemildert, weil man auf zusätzliche Feuerleitgerätbedienungen verzichten konnte.

Als bewegliche Reserve für OKL und die nachgeordneten Kommandobehörden wurde mit der Aufstellung zahlreicher Eisenbahn-Flakabteilungen begonnen, die eine schnelle Schwerpunktbildung erlaubten, nachdem für diesen Zweck wegen des Mangels an Rohstoffen und an Betriebsstoff mot. Abteilungen nicht mehr zur Verfügung gestellt werden konnten. Die Eisenbahn-Flak fand vielfach auch im rückwärtigen Heeresgebiet mit Erfolg Verwendung. Leichte Eisenbahn-Flakeinheiten und Flakzüge wurden zum Transportschutz im Eindringbereich der feindlichen Jabo- und Schlachtfliegerstaffeln eingesetzt.

Blieb die Gliederung der Frontabteilungen mit ihrer Zweiteilung in gemischte und leichte im wesentlichen unverändert, so wurde bei der Luftgauflak aus taktischen und Ausbildungsgründen nach und nach eine Umrüstung auf reinrassige schwere und leichte Abteilungen durchgeführt. Allgemein fiel zugleich die Bezeichnung „Reserve" fort, wobei psychologische Gründe nicht zuletzt im Hinblick auf die Kampfbelastungen dieser im Hinterland eingesetzten Verbände und der stetig im Rahmen des Möglichen durchgeführte Personalaustausch zwischen beweglichem Einsatz im Operationsgebiet des Heeres und ortsfestem Einsatz an der Heimatfront ausschlaggebend waren. Damit zog die Luftwaffe auch in diesem Punkt mit dem Heere gleich, wo man, im Gegensatz zum Ersten Weltkrieg, von Anbeginn an auf die Kennzeichnung und Aufstellung von Reserveverbänden für den Fronteinsatz verzichtet hatte. Die lange Kriegsdauer verwischte zudem die Grenzen so stark, daß von der Truppe mit Recht in einer solchen Klassifizierung ein Anachronismus gesehen werden mußte.

Das Ergebnis all dieser Maßnahmen zeichnete sich bald in der Erfolgsbilanz ab. Bis zum 31. 12. 1942 erhöhte sich die Zahl der anerkannten Abschüsse durch Einheiten der Flakartillerie der Luftwaffe auf 8706 Flugzeuge. Dabei muß man sich vergegenwärtigen, wie stark die Truppe darunter litt, daß die immer wieder von ihr und vor allem ihrem obersten Repräsentanten, dem General der Flakwaffe, Gen.d. Flakart. v. Axthelm, geforderten Verbesserung ihrer Ausrüstung nicht im vollen Umfange oder erst zu spät entsprochen wurde. Schon 1941 hatte Gen. v. Axthelm die Entwicklung von weitreichenden Flakraketen für die Heimatluftverteidigung verlangt, ohne damit an den entscheidenden Stellen durchzudringen. Erst am 1. September 1942 hatten die dauernden Anträge des Generals der Flakwaffe Erfolg. An diesem Tage wurde die Wiederaufnahme der Entwicklungsarbeiten an der Flakrakete vom Ob.d.L. befohlen.[1])

Wenn die Truppe trotz aller Mängel an Material und Personalnachschub ihre Leistungen immer noch verbesserte, so ist das dem System der Aushilfen, den organisatorischen Maßnahmen und der intensiven Ausbildung des Generals der Flakwaffe zu verdanken. Ihm ist es auch zu verdanken, daß der Kampfgeist der Truppe, die mehr und mehr die Hauptlast eines immer härter werdenden Kampfes um den Luftraum über der Heimat zu tragen hatte, bis zum bitteren Ende ungebrochen blieb.

Es wird selbst den alten Flakartilleristen überraschen, wenn er hört, daß nach Ermittlungen des Generalstabes der Luftwaffe — Generalquartiermeister — für den Abschuß der oben erwähnten 8706 Flugzeuge 35 322 260 Granaten aller Kaliber aufgewandt werden mußten. Dabei entfielen auf 4941 Schuß der leichten und auf 3343 der schweren Flak je ein Abschuß. Diese aus den Gefechtsmeldungen der Batterien zusammengestellten Zahlen liegen weit unter dem, was gemeinhin angenommen wird; rechnete man doch meist, selbst in den Kreisen alter Flakartilleristen, mit doppelten und größeren Zahlen. Dieser Munitionsaufwand konnte als tragbar angesehen werden, wenn berücksichtigt wird, daß 1939 eine 8,8 cm Zeitzündergranate

1) Der Reichsmarschall des Großdeutschen Reiches, Tagebuch Nr. 1038/42 g.Kdos. v. 1. 9. 1942.

etwa 80,- RM, eine 2 cm Granate etwa 7,50 RM je Stück kostete. Zudem lag der Erfolg der Flak nicht nur im Abschuß begründet; auch das Abdrängen des Kampfverbandes vom Zielraum mit planlosem Abwurf der Bombenlast sind ebenso anzurechnen wie Beschädigung der flugtüchtiger gewordenen Feindmaschinen und Personalausfälle an Bord als Folge von Flak-Beschuß. Etwa 20 bis 25% dieser Ausfälle sind der sogenannten indirekten Flakwirkung zuzuschreiben.[1])

Nach dem Grad ihrer Beweglichkeit bzw. nach ihrer Fahrzeugausstattung wurden die Flakverbände der Luftwaffe nunmehr wie folgt eingeteilt:

mot. z. (früher mot. gl.):
Schwere und leichte Batterien, deren Geschütze und Feuerleitgeräte durch geländegängige Zgkw. gezogen wurden.

mot. s.:
Leichte und mittlere Flakbatterien auf Selbstfahrlafetten (Halbkettenfahrzeuge oder Panzerfahrgestelle).

mot.:
Schwere, mittlere und leichte Batterien, deren Waffen und Geräte durch Lkw. (auch handelsübliche) bewegt wurden. Bei b. mot. (behelfsmotorisiert) im letzten Teil des Krieges handelte es sich um Einheiten mit gekürzter Kfz.-Ausstattung, meist improvisierter Art.

tmot.:
Einheiten mit eingeschränkter Fahrzeugausstattung, dabei nur selten Wehrmacht-Baumuster. Ergänzung erfolgte im Bedarfsfalle durch Flak-Transportbatterien.

v.: verlegefähige Einheiten, zu deren Transport besondere Transporteinheiten eingesetzt werden mußten. Die Batterien hatten nur einige wenige Wirtschafts-Kraftfahrzeuge. In der letzten Kriegszeit verschwamm die Grenze zwischen tmot. und v.-Einheiten.

o.: ortsfeste Batterien, auf den Geschützsockeln einbetoniert. 1944/45 wurden sie zu einem Teil unter dem Zwang der Frontlage nach Konstruktion besonderer Behelfslafetten b. mot. gemacht.

Eisb.:
Batterien, deren Geschütze und Feuerleitgeräte auf Eisenbahn-Plattformwagen montiert waren, von denen aus sie meist auch kämpften.

8. Das Ringen im Endkampf 1943/45

1942 erbeutete der Gegner im Westen bei Kommandounternehmen Teile moderner Funkmeßgeräte. Sie erlaubten ihm das Studium der Wirkungsweise dieser Geräte, die in ihrer Leistung den britischen Vorsprung inzwischen eingeholt hatten, und gaben ihm damit die

1) Nach Mitteilung von Gen.d.Flakart. a. D. v. Axthelm.

Grundlage für die Entwicklung von Störmitteln. Er fand sie in Form von Aluminiumfolien (Düppel)[1], die fortlaufend während des Anfluges der Kampfverbände abgeworfen wurden, und durch Einsatz von Kurzwellenstörsendern, die über ein breites Wellenband hinweg arbeiteten und daher auch wirksam sein konnten, wenn die eingesetzten Fu.M.G. während des Angriffs auf eine Ausweichfrequenz gingen.

Seit dem Sommer 1942 trat im Westen die US-Airforce mit ihren viermotorigen „Fliegenden Festungen" in Erscheinung, die abgesehen von einer wesentlich größeren Tragfähigkeit und Steighöhe unverletzbarer waren und erheblich tiefer von ihren Absprungbasen auf den britischen Inseln aus in das Reichsgebiet eindringen konnten. Stetig stieg zudem von Monat zu Monat die Anzahl der an den einzelnen Einflügen teilnehmenden Feindmaschinen.

Die verschiedene Angriffstaktik der beiden Westgegner, der US-Airforce und der Royal-Airforce, gab der Erdabwehr zusätzliche Probleme auf. Die Amerikaner flogen mit starken, geschlossenen Verbänden bei Tage mit Eindringtiefen (1944) bis in den Raum von Warschau-Ostoberschlesien und in die Ukraine (Poltawa) ein, und zwar sowohl von England aus als auch aus dem Mittelmeerraum. Bei fehlender Bodensicht, etwa bei dicht geschlossener Wolkendecke, wurde der Kampfverband durch Bord-Radar („Rotterdam-Gerät") über den Zielraum gesteuert, wo er auf Funkbefehl oder auf Rauchzeichen geschlossen die Hunderte von Tonnen wiegende Bombenlast abwarf (Bombenteppich). Die britische Luftwaffe spezialisierte sich hingegen auf Nachtangriffe im dicht aufgeschlossenen Bomberstrom unter Einsatz schnellfliegender zweimotoriger Kampfflugzeuge (Teil-Holzbau „Mosquito") oder ebenfalls viermotoriger „Fliegender Festungen" vom Baumuster „Lancaster". Vorausfliegende „Pfadfinderflugzeuge" führten den Bomberstrom, ebenfalls unter Einsatz von Rotterdam-Geräten, auf das Ziel, das sie zusätzlich durch starken Einsatz von Leuchtmitteln aufhellten. Auch hierbei wurden, im Anflug über Jütland und die Ostsee, Eindringtiefen bis nach Königsberg/Pr. (August 1944) erzielt.

Mit den Radar-Bordortungsgeräten wurden die bis dahin auch gegenüber dem Westgegner erfolgreich eingesetzten Scheinanlagen

[1]) Der Name „Düppel" rührt von einer Flakstellung bei Berlin (Forschungsstelle des Reichspostzentralamtes) her, aus der heraus die Wirkung der Aluminiumfolien auf die Fu.M.G. und die Entstörungsmaßnahmen erprobt wurden. Die Länge der Folien entsprach der halben Wellenlänge der von den Fu.M.G. ausgestrahlten Funkimpulse.

für bekannte Schutzobjekte weitgehend hinfällig. Noch mehr galt das für die Vernebelung von Großanlagen. Nebel ist in der Folgezeit erfolgreich nur noch bei kleineren Punktzielen (Brücken, Viadukten und dergl.) angewandt worden, die der Gegner nur im Tiefflug nach Bodensicht anfliegen konnte.

Ende Juli bis Anfang August 1943 wurde bei rollenden Tages- und Nachtangriffen beider Luftwaffen unter starkem Düppelabwurf im Raum von Hamburg erstmalig und überraschend die gesamte Erdabwehr unter Einschluß der für die Jagdführung eingesetzten Fu.M.G. nachhaltig so gestört, daß die Abwehr durch Total-Ausfall ihrer elektrischen Ortungs- und Führungsgeräte praktisch blind wurde. Die totale Zerstörung der mit Spreng- und Brandbomben angegriffenen Hamburger Stadtteile mit bisher noch nicht dagewesenen Verlusten unter der Zivilbevölkerung war die überaus bittere Folge dieser Maßnahmen.

Die Ausweitung der Angriffsräume auf den gesamten Bereich der von Deutschland und seinen Verbündeten beherrschten Landräume steigerte die Anforderungen an die Flakartillerie, die die Hauptlast der Abwehr zu tragen hatte, auf eine Höhe, der beim besten Willen nicht mehr entsprochen werden konnte. Im verzweifelt erbitterten Ringen warf sie sich nach wie vor, trotz aller materiellen und personellen Mängel, dem Gegner entgegen, um meist ohnmächtig erkennen zu müssen, daß sie ihm nicht mehr gewachsen war.

Unter dem niederdrückenden Eindruck dieser Verhältnisse entschloß man sich an führender Stelle endlich, die Jagdfliegerverbände in der Heimat fühlbar zu verstärken. Diese von den für die Luftverteidigung verantwortlichen Kommandostellen schon seit langem erhobenen Forderungen konnten unter dem Einfluß der Lage an den Fronten nur unzureichend und vielfach unter Schwächung der an der Front genau so stark benötigten Verbände erfolgen. All das, was unter äußerstem Kräfteaufwand im wahrsten Sinne des Wortes zusammengekratzt werden konnte, kam nun zu spät; zu spät vor allem auch deswegen, weil man die Fortentwicklung schnellerer und leistungsfähigerer Jagd- und Zerstörertypen sträflich vernachlässigt hatte, obwohl die Industrie die Voraussetzungen hierfür geschaffen hatte.

Gegen die Stimme des Generals der Flakwaffe, der schon 1941 erstmalig und dann wiederholt die Entwicklung von Raketenwaffen für die Heimatluftverteidigung vergeblich gefordert hatte, hatte man bei der obersten Wehrmachtsführung auf Grund der Erfahrungen der ersten Feldzüge gegen Luftgegner mit inzwischen längst aus dem Frontgebrauch gezogenen Flugzeugtypen geglaubt, daß die Flak auch weiterhin den Luftraum hinreichend schützen könne. Im August 1943 erklärte der Generalinspekteur der Luftwaffe, Generalfeldmarschall Milch, unter dem Eindruck der Zerstörangriffe unter Düppeleinsatz: „Die Flak kann niemals die Wirkung hervorzaubern, den Gegner von seinem Angriff abzubringen. Sie drückt ihn in die Höhe, bringt ihm Verluste bei, aber reicht nicht aus, um die Angriffe zu unterbinden." (Oberst Baumbach in „Zu spät?"). Das waren Worte, die Erkenntnisse ausdrückten, wie sie die Flak und ihre verantwortliche Führung im Einsatz schon seit längerem erfahren hatte.

Als es nun soweit gekommen war, standen die geforderten schnelleren und stärkeren Jagdverbände genau so wenig zur Verfügung wie Flakraketen oder eine genügende Anzahl der verbesserten 8,8 cm Flak 41, weil die unter dem Druck vielseitiger Anforderungen stehende Industrie unter Bombenhagel und Rohstoffmangel trotz aller Anstrengungen keine Wunder vollbringen konnte.

Trotzdem wurde seitens des Generals der Flakwaffe, der Truppe und ihrer Führung alles Menschenmögliche getan, um die Gegenwehr zu verstärken. Unter Ausschöpfung der allerletzten Personal- und Materialreserven versuchte man aus einer hoffnungslos gewordenen Situation in verzweifeltem Ringen dem Gegner Abbruch zu tun und das Risiko seiner Masseneinflüge zu erhöhen.

In einer gewaltigen Anstrengung wurden, selbst unter vorübergehendem Einsatz von Sperrfeuerbatterien aus Beutegeschützen aller Art, neue Einheiten förmlich aus dem Boden gestampft, um den Flakschirm über der Heimat zu verdichten. Da die noch verfügbaren wehrfähigen Kräfte des deutschen Volkes nach den verlustreichen Kämpfen an allen Fronten nicht mehr ausreichten, mußte dabei zu personellen Aushilfen gegriffen werden.

Der Anteil des Behelfspersonals stieg ab Anfang 1943 nach und nach bei den Einheiten der Heimatluftverteidigung bis zu 45 Prozent der Sollstärken (Ausländer, Flakhelfer, Flakwaffenhelferinnen, RAD-Maiden); bei den Heimatflakbatterien (Werksbelegschaften) und bei den RAD-Flakbatterien stieg er sogar bis 100 Prozent an.

Russische und italienische Hilfswillige, kroatische Flaklegionäre, Alarmflakbatterien aus Stäben und Dienststellen aller Wehrmachtteile in der Heimat und in den rückwärtigen Gebieten, Flakwaffenhelferinnen für Scheinwerfer, Funkmeßgeräte und Kommandogeräte, Flakhelfer (Oberklassen höherer Schulen), Heimatflakbatterien aus Werkbelegschaften, eingesetzte Ausbildungs- und Schulbatterien und schließlich Hunderte von RAD-Flakbatterien sowie RAD-Flakmaiden für Scheinwerfereinheiten füllten ab Sommer 1943 in immer stärkerem Umfange die wachsenden Lücken in der Luftverteidigung.

Dabei ist festzustellen, daß die improvisierte Ausweitung der Truppe, die durch Abgabe von Stämmen und immer wieder neuartige Ausbildungsaufgaben bis zum Letzten beansprucht wurde, weit bessere Erfolge erzielte, als man es anfangs an verantwortlicher Stelle erwartet hatte. Eine grundlegende Wendung der Luftkampflage selbst konnte dadurch allerdings nicht herbeigeführt werden. Auch der Gegner paßte sich, gestützt auf schier unerschöpflichen Material- und Personal-Nachschub, der verstärkten Abwehr dadurch an, daß er in noch größeren Verbänden und unter ständigem Wechsel seiner Zielräume einflog.

Von 1942 auf 1943 erhöhte sich die Zahl der von der Luftwaffe an der Front und in der Heimat eingesetzten schweren Flakbatterien unter vielfach rigorosen Einsparungsmaßnahmen bei den bisher vorhandenen Verbänden um 984 auf 2132, die der leichten und mittleren Batterien um 568 auf 1460. Am 1. 9. 1944 waren 2170 schwere und 1311 leichte Batterien im Einsatz.

Zwar erhöhten sich die Abschußzahlen bemerkenswert; es schien aber so, als ob der Gegner jeden Verlust mit einem zahlenmäßig noch umfangreicheren neuen Anflug beantwortete. Genau so erbittert wie die Flak kämpften die zusammenschrumpfenden Verbände der deutschen Jagdflieger, die unter dem zusammengefaßten Abwehrfeuer der „Fliegenden Festungen" und ihres immer stärker in Erscheinung tretenden Begleitschutzes untragbare Verluste hinnehmen mußten. Der Ausfall von rund 1000 Jagdflugzeugen im Monatsdurchschnitt des Jahres 1944 war eine Blutabzapfung, über die alles Heldentum und auch die inzwischen ganz wesentlich gesteigerte Erzeugung an Maschinen, die immer noch nicht den gestiegenen Anforderungen entsprach, nicht hinweghelfen konnte.

Verzweifelt kämpfte die Flak unter den Augen der schwer leidenden Zivilbevölkerung und unter steigenden eigenen Verlusten, ohne dabei in der Lage zu sein, das Schicksal zu wenden. Der Gegner blieb stärker, das Ergebnis seiner Angriffe wurde immer vernichtender. Alarm- und Feuerbereitschaften wechselten fast pausenlos mit Kampfeinsätzen härtester Form; sie zehrten an den physischen Kräften der vielfach älteren Jahrgängen angehörenden Flaksoldaten genau so wie an den überbeanspruchten Waffen und Geräten. Die notwendige ständige Ausbildung auch in den Feuerstellungen zur Aufrechterhaltung der Schlagkraft der Batterien litt unter diesen Belastungen. Der immer stärker fühlbare Mangel an qualifiziertem Personal für die Schlüsselstellungen erforderte andererseits ein Höchstmaß an Ausbildungsarbeit.

In der Flakbatterie entschied nie die Leistung des Einzelnen, sondern nur die viel schwerer zu erreichende des „Teams", der gesamten Batterie. Bei Fluggeschwindigkeiten von 120 m/sek. und Flughöhen von bis zu 8000 Metern stellte bei sorgfältigster Zielortung und vorbildlich sauberer Arbeit am Kommandogerät das Nachhinken eines Ladekanoniers, der Fehler eines Bedienungsmannes, vielleicht als Folge einer physischen Überbeanspruchung, den ohnehin schwer zu erringenden Abschußerfolg in Frage. Selbst wenn überall sorgfältig gearbeitet worden war und die BWE richtig ermittelt und ausgeschaltet waren, gab es bei inzwischen erfolgenden Kurs- oder Höhenänderungen auf der bis zu 20 und mehr Sekunden langen Geschoßflugzeit keine Möglichkeit mehr, die Schußrichtung auf das bekämpfte Ziel hin zu beeinflussen. Dieses Ziel war aber mittlerweile 2—3 Kilometer von der Stelle entfernt, an der es im Moment des Feuerkommandos gestanden hatte.

Der Kampf des Flakartilleristen um die Sekunde, ja um Bruchteile davon, hatte ein im Frieden nie erwartetes Ausmaß angenommen. Nur bis zum Letzten aufeinander eingespielte Bedienungen und Einheiten mit besten Geräten und Waffen konnten unter solchen Verhältnissen auf einen Erfolg hoffen.

Angesichts dieser Lage konnte das Bestreben, in der Zeiteinheit ein Maximum an Feuerkraft und Munition dem Gegner entgegenzuwerfen, zum Teil ausgleichend wirken. Taktische und organisatorische Maßnahmen wurden zusätzlich in die Waagschale geworfen, um das Mißverhältnis zwischen den Erfolgen des Angreifers und der Abwehr zu mildern.

Die Befehlsstelle einer Großbatterie von drei schweren Flakbatterien umfaßte neben dem Gefechtsstand des taktisch Schießenden mit der Nachrichtenzentrale und der Umwertung im splittersicheren Betonbunker unter der Erde die 3 Kommandogeräte der angeschlossenen Batterien und im allgemeinen zwei Funkmeßgeräte. Den Fu. M.G. waren getrennte, sich einander überlagernde Suchsektoren zugewiesen. Sie waren darüber hinaus so geschaltet, daß die gesamte Großbatterie jederzeit von dem einen auf das andere umgeschaltet werden konnte, wenn dieses günstigere Ziele aufgefaßt hatte.

Die Befehlsstelle und die Fu.M.G., letztere mit 20—25 Metern Zwischenraum voneinander, wurden etwa in der Mitte eines Kreises von 30 Metern Radius, auf dessen Peripherie sich die in Dreiecksform angeordneten Kommandogeräte der Batterien befanden, eingerichtet (Entfernung Fu.M.G. zu den Kdo.Ger. 20—40 Meter). Die Feuerstellungen der schweren Kanonen wurden in der üblichen Rechteck- oder Quadratform batterieweise von den Standorten der Kdo.Ger. seitlich um 60—90 Meter abgesetzt. Die Großbatterie hatte in ihrer Stellung somit etwa die Form eines gleichseitigen Dreiecks mit einer Seitenlänge von rund 250 Metern.

Die erheblich gestiegenen Anflughöhen und die dadurch bedingte Erweiterung der Bombenwurfzonen hatten zwangsläufig zu einem Vorschieben der Flakstellungen und, wenn eine hinreichende Anzahl von Batterien zur Verfügung stand, auch zu einer Tiefengliederung um die Schutzobjekte geführt. Die hierdurch teilweise ganz erheblich erweiterten Schutzräume bedurften der zusätzlichen Eingliederung von Batterien im Zentrum zur Abwehr durchgebrochener Verbände (u. a. Turm-Flakbatterien auf Flakbunkern).

Als Beispiel mag hier der Flakeinsatz im Raume München (Spätsommer 1944) gelten. Die dort eingesetzten Flakkräfte der 26. Flak-Div. waren taktisch in die Flakgruppen Nord (RSt./Flak-Rgt. 19) und Süd (RSt./Flak-Rgt. 55) mit je 2 Flakuntergruppen gegliedert. Unter Einschluß von Alarm- und Heimatflakbatterien standen für den Schutz des Großraumes München insgesamt 15 Groß- (Doppel- oder Dreifach-) Batterien und 16 Einzelbatterien schwerer Flak zur Verfügung. Davon lagen 12 (ursprünglich 22) Einzelbatterien und 4 (ursprünglich keine) Großbatterien im Weichbild oder unmittelbar an der Peripherie der Stadt München. Die übrigen Batterien, und dabei vor allem die Masse der Großbatterien, waren mit Schwerpunkt auf die Hauptanflugsrichtungen des Gegners bis zu 30 Kilometer vom Stadtmittelpunkt vorausgeschoben. Außer den schon erwähnten 10 aufgegebenen Einzelbatteriestellungen im Stadtbereich waren im Vorfeld weitere 6 Stellungen unbesetzt.

Für die Wirksamkeit der Flakartillerie zeugt niemand besser als der Gegner. Erbeutete Gefechtsmeldungen sprachen ab 1944 immer häufiger von der „Flakhölle" über Deutschland und bewiesen damit zumindest die demoralisierende Wirkung massierten Flakfeuers über den angegriffenen Zielräumen, das neben Abschüssen zu zusätzlichen fühlbaren Verlusten an Bord der Angriffsmaschinen und zu Beschädigungen der flugtüchtigen 4 mot.-Bomber führte, die einem Totalausfall vielfach gleichzusetzen waren.

In einem Bericht an den Präsidenten der Vereinigten Staaten stellte der Befehlshaber der US-Heeresluftstreitkräfte, die u. a. auch die Zerstörangriffe gegen Deutschland durchführten, General Arnold, fest, daß beim Einsatz in Europa die „Fliegenden Festungen" nur eine Lebensdauer von durchschnittlich 231 Tagen vom Zeitpunkt der Indienststellung bis zum Abschuß oder bis zur Zerlegung wegen natürlichen Verschleißes hatten. In diesen 231 Tagen waren durchschnittlich nur 21 Kampfflüge möglich. Der Vergleich dieser als zuverlässig anzusehenden Zahlen mit den ab Ende 1943 fast täglichen Einflügen von 1000 und mehr 4 mot.-Bombern nach Deutschland veranschaulicht nur zu deutlich, gegen welche Material- und Personalreserven die deutsche Flak, mehr und mehr auf sich allein gestellt, anzukämpfen hatte.

Im gleichen Bericht vom 4. Januar 1944 betonte General Arnold wiederholt, daß angesichts der deutschen Flakabwehr die Angriffe der US Airforce alles andere als Spazierflüge seien; man müsse vielmehr diese Bomberraids mit sehr schmerzlichen Verlusten erkaufen, die nur durch ihre kriegsentscheidende Bedeutung gerechtfertigt werden könnten.

Noch deutlicher wird der amerikanische Oberst John W. Davis in einer Würdigung des Kampfes der amerikanischen 8. Luftflotte über Deutschland. Im Jahre 1943 sei etwa $^1/_3$ der Totalverluste der Fliegerverbände auf Flakabschüsse entfallen. In den Jahren 1944 und 1945 sei dieser Anteil sogar bis zu $^2/_3$ der Gesamtverluste gestiegen.

Rohstoffmangel und kriegsbedingte Fertigungsschwierigkeiten zwangen bei der notwendigen Verstärkung der Flakkräfte auch zur Hinnahme von materiellen Aushilfen, die sich später vielfach verhängnisvoll auswirken sollten. Um Rohstoffe zu sparen, stellte man, wieder gegen den Willen des Generals der Flakwaffe, ab 1942 im steigenden Maße sogenannte ortsfeste Batterien auf. Das waren Einheiten, bei denen die Kanonen auf ihren Sockeln, ohne Kreuzlafette und Fahrgestelle, einbetoniert waren. Ortsfeste Flakeinheiten waren nur unter großem Zeitaufwand mittels eigens konstruierter Behelfslafetten verlegbar. Dadurch wurde die angesichts wechselnder Luftlagen in den einzelnen Verteidigungsgebieten notwendige schnelle Bildung neuer

Verteidigungsschwerpunkte erheblich verzögert. Die ortsfesten Stellungen konnten zudem, wenn sie den Gegner störten, leichter niedergekämpft werden, da er damit rechnen konnte, sie nach einem Angriff, in dem sie unangenehm geworden waren, an der gleichen Stelle finden und niederkämpfen zu können. An der Kanalküste, im rückwärtigen Gebiet der Ostfront und schließlich innerhalb der Reichsgrenzen wurden hunderte dieser Batterien das leichte Opfer von Erdkampfhandlungen, da jeder rasche Stellungswechsel unmöglich war. Die Folge davon blieb, daß beim Zurückdrängen der Fronten die zugleich lebenswichtige Verstärkung des Flakschutzes der Heimat durch diese ortsfesten Batterien ausblieb. Der Verlust von rund 500 schweren Flakbatterien während des Jahres 1944 ging zum großen Teil auf das Konto der ortsfesten Einheiten und machte die erhoffte Materialersparnis weitgehend zunichte.

In ähnlicher Weise wirkte sich der Mangel an Kraftfahrzeugen, insbesondere an schweren Zugmaschinen, und an Betriebsstoff aus. Vielen der in der zweiten Welle hinter der Front liegenden Flakbatterien (mot. oder tmot.) mußten zugunsten der Fronttruppe die Kraftfahrzeuge fortgenommen werden. Als verlegefähige Einheiten waren sie in Krisenlagen, etwa bei Panzerdurchbrüchen, auf die vielfach unzureichend ausgestatteten Transportbatterien der Flakdivisionen angewiesen, falls die Frontlage einen Stellungswechsel erforderlich machte. Bei erfolgreichen, großräumigen Angriffsunternehmungen des Gegners standen die Transportbatterien infolge vervielfachter Anforderungen meist nicht ausreichend zur Verfügung, wodurch schwerwiegende Materialverluste verursacht wurden, die damals nicht mehr aufgeholt werden konnten.

Nach der gelungenen Invasion verlegte der Westgegner seine starken und gut gerüsteten Jagdbomberverbände auf Einsatzhorste im Westen Europas. Die Folge davon war, daß diese Verbände nunmehr in der Lage waren, nahezu pausenlos alle Verkehrswege bei Tage und bei mondhellen Nächten unter Kontrolle zu halten. Jabos stießen bis in die Mark Brandenburg vor und griffen alles an, was sich auf der Erde bewegte. Damit war eine große weitere Gefahr aufgetreten, die die lebenswichtige Versorgung der kämpfenden Fronten und der Heimat aufs höchste gefährdete. Die zur wirksamen Abwehr erforderlichen starken Jagdfliegerverbände waren nicht vorhanden. Wiederum lag es an der Flak, mit dieser Situation fertig zu werden. Die einzige Möglichkeit boten die leichten und mittleren Flakwaffen, die verstärkt, nun zwangsmäßig auch als Eisenbahntransportschutzeinheiten, zum Einsatz kamen. Trotz der Verluste im Westen und an der Ostfront gelang es bis gegen Ende des Jahres 1944 die Gesamtzahl der leichten und mittleren Flakbatterien der Luftwaffe um 152 auf den Höchststand von 1612 Batterien zu bringen, während die Zahl der schweren Batterien in diesem Jahre den Höchststand von 2655 erreichte.

Auch das war nur ein Tropfen auf den heißen Stein. Für die Ausfälle durch den Jaboeinsatz mag eine Reichsbahn-Tagesmeldung als Beispiel sprechen, die, obwohl sie ja nur einen Teilausschnitt der dadurch erlittenen Verluste bietet, für sich allein überzeugend sein dürfte. Reichsbahnmeldung vom 21. 5. 1944 an den Gen.Stab der Luftwaffe:

	Tote	Verwundete
Lokführer	5	34
Lokheizer	9	28
Zugführer	0	5
Zugschaffner	2	7
Rangierer	0	6
Reisende	37	113
insgesamt:	53	193

Lokomotivausfälle:

betriebsunfähig	70
leicht beschädigt	35

Abschüsse durch Transportschutz 3 Flugzeuge.

Dazu kamen noch die Ausfälle durch Kampfhandlungen von Partisanen.

Diese eine Tagesmeldung bedarf keines ausführlichen Kommentars. Sie ist nicht nur Zeuge für die Blutopfer in einem Sektor der Heimatfront, sondern beweist nachhaltig, mit welchen Schwierigkeiten die Kriegsführung auch hinter der Front, übrigens noch vor der Invasion im Westen, zu rechnen hatte.

Die Luftverteidigung hielt Kräfte in einem Ausmaß gebunden, mit dem man nie zuvor gerechnet hatte.

Auch dafür seien zum Beweise einige Zahlen genannt, die der Generalstab der Luftwaffe im Herbst 1944 aus den Tagesmeldungen der einzelnen Verbände zusammenstellte.

Im Bereich der Luftflotte „Reich" (einschließlich Luftwaffenkommando West, (Ersatz-)Luftflotte 10 und der im Befehlsbereich eingesetzten Verbände anderer Kommandostellen) umfaßte die Flakartillerie im Herbst 1944 allein:

662 200 Offiziere, Unteroffiziere und Mannschaften
448 700 Mann Behelfspersonal

Sa.: 1 110 900

Von dem Behelfspersonal waren:	
Deutscher Nationalität	
(RAD-Flak, Lw.-Helfer, Flakwehrmänner):	350 500 Personen
davon weiblich (Flakhelferinnen, RAD-Maiden:	128 710
Ausländisches Personal:	98 200 Personen

Trotz Einbau dieser Einheiten in die Heimatverteidigung (Stützpunktverteidigung, Fallschirmtruppen-Abwehr u. ä.) standen außer den Flakwaffen an Nahkampfwaffen insgesamt nur zur Verfügung:

71 000 Gewehre/Karabiner 98
260 000 Beutegewehre aller Muster, meist mit geringster Munitionsausstattung
79 000 Pistolen und Maschinenpistolen.

Für etwa jeden zweiten Soldaten war also nur eine Handfeuerwaffe vorhanden.

An den Fronten war der Einsatz, sowohl im Feldluftschutz als auch im Erdkampf, ebenfalls vielfach härter geworden. Auch hier wirkten sich die steigenden Flieger- und Panzereinsätze des Gegners nachhaltig aus. Als Beweis dafür mag die Feststellung eines hervorragenden Panzerabwehrfachmannes des deutschen Heeres, des Oberst a. D. Oehmichen, gelten, der in einer Studie in der Folge 2/54 der „Wehrwissenschaftlichen Rundschau" (Verlag Mittler und Sohn) zum Thema „Die Krise der Panzerabwehr in der Verteidigung" lakonisch feststellt: „In den letzten Phasen des Krieges bildete sie (die Flakartillerie, insbesondere die 8,8 cm Flak) das eigentliche Rückgrat der Panzerabwehr."

Auch für diese Feststellungen mögen einige Zahlenbeispiele aus Gefechtsmeldungen sprechen:

Die 3. (Fla.-)/Pz.Jg.Abt. 278 schoß in den letzten sechseinhalb Monaten ihres Kampfes in Italien 24 Tiefangriffsflugzeuge ab. (Gen.Lt. Hoppe, Die 278. Inf.-Div., Verlag H. H. Podzun).

Die 9. Flak-Division der Luftwaffe schoß in der Zeit von ihrer Aufstellung bis zum Kampf um Stalingrad rund 600 russische Flugzeuge ab und vernichtete in Erdkämpfen 826 Panzer.

Das Schicksal der 6. Armee in Stalingrad teilten Div. Stab und Teile der 9. Flak-Div., u. a. RSt./Flak Rgt. 91 und 104 (Oberst Rosenfeld) mit der I./9, I./12, I./25, I./30, I./37, der III. (lei.)/FAS Bonn und einer Sw. Abt., ferner 2 dieser Div. nicht unterstellte H-Flakabteilungen, insgesamt 31 Flakbatterien. Nach Beendigung des Kampfes um Stalingrad erhielt Gen. Maj. Pickert den Befehl zur Aufstellung einer neuen 9. Flakdivision.

In der Zeit der schweren Kämpfe im Kubanbrückenkopf bis zur Räumung von Sewastopol, d. h. vom 8. 4. bis zum 10. 5. 1943, vernichtete die gleiche Division nach Neuaufstellung

265 Flugzeuge und
189 Panzer.

Bei diesen Kämpfen verlor sie

456 Gefangene
3949 Vermißte (davon 96 Offiziere)
1310 Verwundete (davon 57 Offiziere).

An Waffen und Gerät gingen verloren:

182	8,8 cm Flak
58	3,7 cm Flak
335	2 cm Flak
54	2 cm Flakvierlinge
36	Kommandogeräte
16	Funkmeßgeräte
83	150 cm Flakscheinwerfer
98	60 cm Flakscheinwerfer
55	Ringtrichterrichtungshörer
184	Personenkraftwagen
104	Nachrichtenfahrzeuge
728	Lastkraftwagen
65	Zugmaschinen.

Hatte schon im Endkampf um Tunis die Flak die schwere Last des Feldluftschutzes getragen, so wurde diese Aufgabe beim Kampf um Italien, von der alliierten Landung auf Sizilien im Juli 1943 an, von Monat zu Monat schwieriger. Doch immer wieder bewies die Flakartillerie auch an dieser Front dem Angreifer aus der Luft und auf der Erde ihre Feuerkraft und Standfestigkeit.

In Sizilien standen die Flakverbände unter dem Kommando des in Krisenlagen vielfach bewährten Generals Stahel. Trotz vorausgegangener härtester Belastungen gelang es diesen Verbänden beim

Endkampf um Sizilien die Absetzbewegung der deutschen und italienischen Truppen über die Straße von Messina so wirksam gegen Luftangriffe abzuschirmen, daß die Übersetzbewegung unter relativ geringen Verlusten gelang.

Über die Kämpfe um den Brückenkopf von Anzio-Nettuno schreibt Feldmarschall Kesselring:

„Die ersten Stunden des 22. Januar 1944 — des Tages der Invasion bei Anzio und Nettuno — waren sorgenvoll. Bereits in den Vormittagsstunden hatte ich das Gefühl, daß die größte Gefahr gebannt sei. Neben dem zögernden Vorgehen der gelandeten alliierten Truppen gebührte das Hauptverdienst daran General der Flak R i t t e r v o n P o h l, der auf meine unmittelbare Anweisung seine Flakbatterien herumwarf und einen für Panzer schwer zu durchbrechenden Sperriegel südlich Rom bildete."

Für die Zeit der Kämpfe um Cassino stellt Feldmarschall Kesselring fest:

„Das Verhältnis von rund 300 eigenen Flugzeugen zu 4000 bis 5000 auf der Feindseite ließ Gelegenheitserfolge, aber keine planmäßige Luftkriegsführung mehr zu. Es steht aber außer jedem Zweifel, daß die Luftflotte dem Heer mit den Fliegern anerkennenswerte, mit der Flak während der Brückenkopfkämpfe außerordentliche Unterstützung zuteil werden ließ."

Zusammenfassend kommt Feldmarschall Kesselring zu folgender Beurteilung der Flakartillerie auf dem italienischen Kriegsschauplatz:

„In allen Perioden des Kampfes wurden die Heerestruppen durch die Flakartillerie des Generals Ritter v o n P o h l hervorragend unterstützt ... Die Flakverbände waren nach Zahl und Munitionsausstattung ihrer Aufgabe gewachsen; ihrer Wirkung ist es vor allem zuzuschreiben, daß die alliierten Bombenangriffe unverhältnismäßig geringe Ergebnisse hatten. Ihre Eingliederung in den Rahmen der Heeres-Artillerie unter den Artillerie-Generalen F r i e d r i c h, J a h n und K r u s e hat ihre Wirkung zu dem werden lassen, was Feldmarschall A l e x a n d e r (der alliierte Oberbefehlshaber) mit ‚formidable' (fürchterlich) bezeichnete ... Dieses feinfühlige Zusammenarbeiten der Luftwaffen-Flak mit dem Heer, das in einer bemerkenswerten raschen Reaktion auf Befehle oder Anregungen seinen in die Augen springenden Ausdruck fand, hat dem Heer außerordentlich geholfen ... Immer wieder war die Flak die letzte Kampfwagen-Barriere, an der feindliche Durchbrüche scheiterten. An entscheidenden Verkehrsengen war sie so massiert, daß die Bewegungen niemals schlachtentscheidend aufgehalten wurden. Nicht immer haben die Führungsstellen des Heeres diese Leistungen anerkannt; dies ist psychologisch dadurch zu erklären, daß die Flak den Heeres-Kommandobehörden nicht unterstellt war."

Im März 1944 begann der Westgegner mit einer planmäßigen Luftoffensive zur Vorbereitung der Invasion an der französischen Küste. Die eigenen fliegenden Verbände, die mit der Masse ihrer besten Staffeln pausenlos in den erbitterten Luftschlachten über der Heimat gebunden waren, konnten der Übermacht nur wenige hundert Maschinen entgegenstellen. So blieb auch über Frankreich die Hauptlast der Luftabwehr auf den Schultern der Flakartillerie von Luftwaffe und Kriegsmarine. Viele hundert Flakbatterien aller Kaliber lagen, verstärkt durch RAD-Batterien, meist ortsfest in den Stützpunkten entlang der Küstenabschnitte oder zum Schutz der Artillerieräume in den Verteidigungsschwerpunkten. Zahlreichen weiteren Einheiten war der Luftschutz der Räume übertragen worden, in denen fieberhaft am Aufbau der V-Waffen-Abschußbasen gearbeitet wurde. Das weit gegliederte und für die schnelle Verschiebung der begrenzten eigenen beweglichen Abwehrkräfte unentbehrliche französische Eisenbahnsystem band weitere Flakkräfte. Darüber hinaus hatte der Ob.d.L. als operative Reserve das III. Flakkorps (Gen.d.Flakart. Pickert) bereitgestellt, dessen Verbände in den Bereitstellungsräumen selbstverständlich ebenfalls voll in die Luftverteidigung eingebaut worden waren.

Auf der Konferenz in Casablanca hatten im Rahmen der Besprechungen über den Luftkrieg gegen Deutschland „Eisenbahnziele" zunächst noch auf dem neunten Platz gestanden, obwohl man sich der Bedeutung einer Desorganisation der Schienenwege durchaus bewußt war. Der Chef des alliierten Bomberkommandos, Luftmarschall Harris, glaubte aber die benötigten Flugzeuge noch nicht zur Verfügung zu haben. Wenige Monate nach der Konferenz änderte sich das jedoch grundlegend.[1])

Die Berichte der Feindseite sind deswegen besonders interessant, weil sie den Umfang der Aufgabe veranschaulichen, der sich die eigene Luftabwehr gegenübergestellt sah. Einige Hundert eigener Jagdflugzeuge standen zusammen mit den über einen großen Raum schwerpunktmäßig verteilten Flakartillerie, die selbst auch nur die wichtigsten aus einer Vielzahl von Objekten schützen konnte, gegen eine alliierte Kampfluftwaffe, die zahlenmäßig gegen jede schwere Flak mindestens ein Kampfflugzeug stellen konnte.

---

1) Claude Postel, Die Luftangriffe gegen Verkehrsverbindungen (im Westen) in der Zeit vom 6. März bis zum 6. Juni 1944, „Revue Historique de L'Armée (France)", Heft 1 und 2/1950.

Anfang März 1944 besaß der Gegner an der deutschen Westfront

4200 schwere (viermotorige) Kampfflugzeuge
1100 mittlere und leichte (zweimotorige) Kampfflugzeuge
2000 Begleitjäger

Demgegenüber standen auf deutscher Seite in Ost- und Nordwest-Frankreich sowie in Belgien und Holland

etwa 150 einmotorige Jagdflugzeuge
300 zweimotorige Zerstörerflugzeuge

Die alliierte Luftoffensive zur Vorbereitung der Invasion begann am 6. März 1944 und zerfiel in drei Phasen, die sich voneinander sowohl in der Taktik als auch durch steigende Wucht unterschieden. Auf Proteste der Freien Französischen Regierung hatte man im Dezember 1943 die vor allem von der Royal Airforce getragenen Angriffe gegen rollende Eisenbahnziele stark eingeschränkt und diese Aufgabe mit Rücksicht auf die Zivilbevölkerung vorwiegend den aus der Luft mit Sprengmitteln versorgten Widerstandsorganisationen überlassen; sie waren angeblich besser in der Lage, rein militärische Ziele zu finden und anzugreifen. Im Januar 1944 flog die RAF nur noch 37 Eisenbahnangriffe, wobei 33 Loks zerstört oder beschädigt wurden. Die Widerstandsgruppen meldeten im gleichen Monat rund 240 Lok-Zerstörungen.

Die Zeiträume und Schwerpunkte der drei Angriffsphasen gegen die Verkehrsverbindungen waren:

6. 3. — 6. 5. 1944	Angriffe auf die großen Verkehrsknotenpunkte,
7. 5. — 19. 5. 1944	Angriffe auf Eisenbahn- und Verkehrsbrücken über die Seine, Loire und Oise,
20. 5. — 6. 6. 1944	Angriffe auf kleinere Bahnhöfe und auf freie Strecken.

Wenige Tage vor Beginn der Invasion meldete der Wehrmachtstransportchef West (Oberst Höffner) an den Ob.West (Feldm. von Rundstedt): „Innerhalb der ersten 2 Wochen nach der Invasion kann mit keinerlei Truppentransporten mit der Eisenbahn gerechnet werden."

Am 6. Juni 1944 begann unter dem Paukenschlag von massierten Luftangriffen im Landungsraum die Invasion. Soweit sie das Inferno der Bombenteppiche überstanden hatte, kämpfte die Flakartillerie an der Küste gleichzeitig gegen Luft-, See- und Erdziele, wobei die ersten Wellen der abspringenden 82. amerikanischen Fallschirm-Division durch Flakfeuer hohe Verluste hinnehmen mußten. Trotz der unausbleiblichen hohen Ausfälle der Flakeinheiten in den folgenden Kämpfen blieb die Abwehrkraft der dezimierten Flak im Landeraum einige Zeit immerhin noch so groß, daß die alliierten Fallschirmjäger in eine ernste Krise gerieten. Im zusammengefaßten Feuer der deutschen Flakabwehr erlitten die Verstärkungen und vor allem die Nachschubtransporte Verluste in einem Ausmaß, mit dem man nach den vorausgegangenen Luftbombardements nicht gerechnet hatte.[1])

Über die Situation der Luftabwehr in den Großkämpfen an der Invasionsfront gibt Gen.d.Flakart. P i c k e r t in Heft 3/54 der Wehrkunde (Einige Lehren aus der Normandieschlacht) einige typische Details.

Das hinter der Kanalfront bereitgestellte III. Flakkorps (mot.) (Gen.d.Falkart. P i c k e r t) marschierte unter rollenden Luftangriffen auf die Vormarschstraßen im Eilmarsch nach gelungener Landung des Gegners zur Seine-Bucht, erlitt auf diesem Marsch bei Tag und Nacht erhebliche Material- und Personalausfälle, schoß 25 Feindflugzeuge ab und wurde danach unmittelbar mit der Masse am Brennpunkt der Erdkämpfe beiderseits der Orne eingesetzt. Dabei schoß es, meist unter Einsatz geschlossener schwerer Batterien, weit über 100 Feindpanzer ab.

Verbänden des gleichen Korps gelang es, ebenfalls im Raum der Orne, unter straffer Schwerpunktbildung, trotz Fehlens eigener Jagdverbände, die Marschbewegung einer Panzerdivision bei Tage und bei guter Sicht soweit abzuschirmen, daß die Truppe unter geringen eigenen Verlusten ihren neuen Einsatzraum erreichen konnte.

In Erwartung von Bombenangriffen waren Mitte Juli 1944 im Raum südlich Caen zum Schutz der Erdtruppe 3 mot. Flak-Regimenter zusammengezogen. Als der Gegner am 18. Juli mit etwa 700 Bombern in aufgelockerten Formationen anflog, traf ihn zwar schwerstes Abwehrfeuer durch schwere Batterien, das ihm rund 30 Abschüsse

---

1) Quelle: Fallschirmjäger Einsätze der Alliierten im Westen 1944, Gen.Maj. James M. G a r v i n , s. Zt. Kdr. der 82. US-Fallschirm-Division (Infantry Journal 1948).

kostete. Trotzdem gelang es ihm, seine Bombenteppiche auf das Hauptkampffeld abzuwerfen, weil die Flakartillerie allein solchen Großangriffen aus der Luft nicht mehr gewachsen war.

In der Schlußphase des Krieges zeichneten sich Flakeinheiten aller Art nochmals verschiedentlich aus. Bei dem gescheiterten alliierten Fallschirm- und Luftlandeunternehmen im Raum von Arnheim und Nijmwegen schlugen zum Schutz der Flußübergänge eingesetzte Flakbatterien trotz vorausgegangener rollender Bombenangriffe bereits erhebliche Lücken in die anfliegenden Transportverbände und bildeten nach der Landung, zusammen mit den schnell zusammengerafften Alarmeinheiten des Heeres und der Waffen-SS, die ersten Abwehrlinien. Bei den harten Abwehrkämpfen im Raum von Aachen und an anderen Stellen der Westfront bewährte sich die Flak als Mehrzweckwaffe erneut auch in der Verteidigung und im hinhaltenden Widerstand gegen stärkste Übermacht an Menschen und Material und erwies sich beim letzten Großangriff deutscher Panzerverbände in den Ardennen genau so als verläßlicher Kamerad der schnellen Truppen, wie sie es den ganzen Krieg über gewesen war.

Als die in den vorausgegangenen harten und verlustreichen Rückzugskämpfen zermürbten Ostdivisionen von der Übermacht der russischen Armeen überrollt wurden, da waren es wiederum Flakverbände, die an der Oderfront das Rückgrat neuer Widerstandslinien bilden mußten. Behelfsmäßig motorisierte und mangelhaft für diesen Zweck ausgerüstete Flakkampftrupps und Erdkampfbatterien der Flak, die, der höchsten Not gehorchend, aus der Heimatluftverteidigung herausgerissen wurden, opferten sich in erbitterten Kämpfen um das Reich zusammen mit den letzten Verbänden des Heeres und der Kriegsmarine vergeblich. Auch sie konnten mit dem, was ihnen an Menschen und Waffen noch zur Verfügung stand, das Schicksal nicht wenden, das eine gegen die ganze Welt ankämpfende Staatsführung heraufbeschworen hatte. So tapfer jene z.b.V. - Abteilungen und -Batterien vielfach auch kämpften, sie wurden von den Panzerkolonnen des Ostens und des Westens genau so überrollt wie die einbetonierten Sockelbatterien um die Städte, die in jenen Wochen die oberste Führung durch einen papiernen Befehl zu „Festungen" und „Stützpunkten" erhoben hatte.

Die Reste, die dem Inferno der letzten Kämpfe in und um Deutschland lebend entronnen waren, teilten das Schicksal all ihrer Kameraden aus den anderen Waffengattungen und Wehrmachtteilen.

Sie zogen mit diesen in die Gefangenenlager, aus denen Tausende erst nach Jahren heimkehren sollten, während andere noch heute dafür büßen müssen, daß sie deutsche Soldaten waren, die ihre soldatische Pflicht so getan hatten, wie das Gesetz es befahl. Eines Tages wird die Geschichte ihnen allen gerecht werden müssen und anerkennen, daß sie zum Schutz ihrer Heimat und ihres Volkes, oft mit unzulänglichen Mitteln, gegen eine erdrückende Übermacht in treuer Pflichterfüllung Großes leisteten.

9. Ersatz- und Ausbildungseinheiten

Die aktiven Flak-Regimenter und selbständigen Abteilungen stellten bei der Mobilmachung meist je eine Ersatzabteilung auf, die neben einer Genesenden- und Sammel-Batterie Ausbildungsbatterien etwa in dem Umfange und mit der Gerätausstattung erhielten, wie es der aktiven Abteilung gleichen Typs entsprach. Die reiche Ausstattung mit Ersatz- und Ausbildungseinheiten ergab sich zwangsläufig aus der mit der Mobilmachung einsetzenden außerordentlichen Vermehrung der Fronteinheiten.

Die im allgemeinen gemischten Ersatzabteilungen, die die Nummer ihres Stammtruppenteils trugen, verblieben größtenteils in den Friedensstandorten, soweit dieser nicht im Aufmarschgebiet und damit im potentiellen Operationsgebiet der Fronttruppe lag, wo die Unterkünfte für andere Zwecke benötigt wurden oder als zu gefährdet anzusehen waren.

Im Verlauf des Krieges wechselten ebenso wie bei den anderen Wehrmachtteilen diese Standorte wiederholt aus gleichen und anderen Gründen, wie beispielsweise wegen Zerstörung der Kasernen durch Luftangriffe, Gefährdung der Zieldarstellung durch Jagdverbände des Gegners, wegen Besatzungsaufgaben u. ä.

Ab Frühjahr 1940 wurden die Ersatzabteilungen truppendienstlich den Befehlshabern in den Luftgauen unterstellt.

So lagen beispielsweise zum gleichen Zeitpunkt im Bereich des Luftgaukommandos III (Berlin) folgende Abteilungen:

7 Magdeburg (aus L.G. VIII)
11 Stettin-Altdamm (aus L.G. I)
12 Berlin-Lankwitz
29 Berlin-Heiligensee (aus L.G. XIII)
51 Stettin
RGG Berlin-Reinickendorf
Luftsperr 1 Bad Saarow bei Berlin.

1941 entschloß man sich aus Ausbildungsgründen, die Ersatzabteilungen unter Beibehalt ihrer Nummer und ihrer organisatorischen Selbständigkeit über den Bereich eines oder auch mehrerer Luftgaue zu besonderen Flakersatz-Regimentern zusammen zu fassen. Damit entfiel die truppendienstliche Unterstellung unter die Luftgaukommandos, die hinfort nurmehr für Verwaltungs- und Versorgungs-Angelegenheiten verantwortlich blieben. Als oberste Kommandobehörde wurde im O.K.L. die Dienststelle des Höheren Kommandeurs der Flakersatz-Regimenter (Oberst v. Witzendorff) geschaffen. Gleichzeitig setzte eine schärfere Spezialisierung der einzelnen Abteilungen, beispielsweise auf 8,8 cm, 10,5 cm, Eisenbahn- oder leichte und mittlere Flak, auf Scheinwerfer- und Kraftfahrer-Ausbildung ein, die etwa im Sommer 1942 zum Abschluß kam und Kräfte für andere Zwecke freimachte. Die dadurch bedingte Lösung der einzelnen Ersatzabteilungen von den Fronttruppenteilen ihres Stammregiments konnte in Kauf genommen werden, da die Luftwaffe ohnehin nicht in dem Maße landsmannschaftlich gegliedert war wie das Heer. Die zahlreichen Neuaufstellungen, Umorganisationen und Verlegungen hatten ohnehin die anfänglichen Bindungen zwischen Fronttruppe und Ersatzabteilung stark gelockert.

Die Grundausbildung der Rekruten der Flakartillerie dauerte im Kriege im allgemeinen 10 — 12 Wochen, wodurch eine weitgehende Spezialisierung erzwungen wurde, die durch weitere Ausbildung bei der Fronttruppe nach und nach ausgeglichen werden sollte. Spezialisten, wie z.B. Fu.M.G.-Bedienungsleute, E-Meßleute oder Kdo.Ger.-Bedienungen, die die Ersatztruppe unter Anwendung vereinfachter psychotechnischer Prüfverfahren auszuwählen hatte, wurden anschließend noch auf eine der zahlreichen Flakschulen kommandiert, die inzwischen entstanden waren (siehe Anlage). Erst dann konnten sie zur Fronttruppe abgestellt werden. Insbesondere bei Fu.M.G.-Bedienungen strebte man dabei eine geschlossene Abgabe an, um trotz zusammengedrängter Ausbildung sofort eine möglichst hohe Gefechtsleistung zu erreichen.

Die Ausbildung des Führer- und Unterführer-Nachwuchses glich im wesentlichen den Verhältnissen beim Heer, wobei Grundausbildung, Frontbewährung und Schulkommandos einander abwechselten.

Die bereits erörterte Notwendigkeit zur Frischhaltung der Spezialisten erzwang darüber hinaus die Aufstellung zahlreicher Flakartillerie- und Feld-Flakartillerieschulen, und zwar in einem Ausmaß, das verhältnismäßig hoch über dem Durchschnitt anderer Waffengattungen lag.

Ähnlich wie beim Heer erfolgte im Juli 1942 die Trennung der bisherigen Ersatzabteilungen in reine Ersatzverbände (Formationen zur Sammlung von Genesenden, wiedereinberufenen ausgebildeten Soldaten u. ä.) und in Ausbildungsabteilungen gleicher Nummer, wobei die letztgenannten in der Masse in Standorte außerhalb der Reichsgrenze gelegt wurden, und zwar mit der Nebenaufgabe, Sicherungs- und Besatzungsaufgaben zu erfüllen. So sehr dieser Entschluß auch durch die verstärkte Tätigkeit von Partisanen in den weiten Räumen hinter den Fronten begründet schien, erwies er sich, zumindest für die rückwärtigen Gebiete der Ostfont, als verfehlt. Offensichtlich hatte man an oberster Stelle, wo der Befehl zur Verlegung gegeben worden war, von der tatsächlichen Lage in weiten Gebieten Rußlands, die die deutsche Wehrmacht 1941/42 im raschen Ansturm durchschritten hatte, ein den wahren Verhältnissen widersprechendes Bild gewonnen.

So wurden beispielsweise die Flakausbildungs-Abteilung 11 im Spätsommer 1942 von Königsberg/Pr. in russische Waldkasernen nach Lepel (im Dreieck Polozk — Borrissow — Witebsk gelegen) und die Abteilung 7 von Breslau nach Borrissow verlegt. In beiden Fällen handelte es sich um das Zentrum von Räumen, in denen Partisanenbrigaden abseits der wenigen eigenen Stützpunkte die Lage nahezu völlig schon damals beherrschten. Mit rund je 850 Rekruten jüngerer Jahrgänge, die eben meist vom RAD entlassen waren und bei den mot. Abteilungen an der Front zur Auffüllung dringendst erwartet wurden, rollten die Ausbildungsabteilungen in die zugewiesenen Unterkünfte, mit Spinden und allem anderen Ballast, der für die Rekrutenausbildung unentbehrlich schien, um befehlsgemäß dort die Schulung von Ersatz für eine im hohen Maße technisierte Spezialtruppe aufzunehmen.

Es kam aber genau so, wie die eigenen Vorkommandos es nach erster Erkundung an Ort und Stelle in die Heimat gemeldet hatten: Die Partisanen dachten gar nicht daran, sich durch das bloße Belegen einiger Kasernen in ihrem unumstrittenen Herrschaftsgebiet einschüchtern oder gar vertreiben zu lassen. Durch Kundschafter und Abhören der ungesicherten und bezeichnenderweise von ihnen meist geschonten Fernsprechverbindungen hatten sie bereits vor Eintreffen der Ausbildungsabteilungen erfahren, daß es sich um Rekruten handelte. Entsprechend frech traten sie auf. Die Folge davon war, daß die Abteilungen, und dabei ganz besonders das Stammpersonal, durch Sicherungsaufgaben um den Unterkunftsbereich und an den langen Versorgungsstraßen so stark in Anspruch genommen war, daß eine normale Ausbildungstätigkeit vom ersten Tage an überhaupt nicht aufgenommen werden konnte. Selbst die notwendige infanteristische Grundausbildung in unmittelbarer Nähe der Unterkunft war nur unter Sicherung des Übungsgeländes durch vorgeschobene M.G.-Posten des Stammpersonals, tägliche Minenerkundung und unter Mitführung scharfer Munition zu verantworten.

Dazu war, im Falle Lepel, der 120 Kilometer lange Nachschubweg (Rollbahn) frontwärts nach Witebsk (alle anderen Straßen wurden von den Partisanen völlig gesperrt) durch mot. Streifen und Flakkampftrupps zur Verstärkung der insgesamt drei Straßenstützpunkte, die O.T. und Osttruppen besetzt hielten, zu sichern und 2 cm Sicherungszüge zum Schutz der alle 2 — 3 Tage gefahrenen Versorgungsgeleite für die eigene Abteilung und die 15 Kilometer im Stützpunkt Lepel-Stadt von Partisanen praktisch eingeschlossenen Feldkommandantur durchzubringen. Trotzdem wurden die stark gesicherten Geleitzüge innerhalb von knapp 3 Monaten zweimal von überlegenen Partisanenkräften überfallen und eingeschlossen, wobei der Entsatz erst nach Einsatz von jeweils 2 infanteristisch eingesetzten Ausbildungsbatterien und Jagdkommandos der Osttruppen möglich wurde (140 Kilometer hinter der eigentlichen Front!).

Diese laufend durch eingesickerte russische Jagdkommandos und Fallschirmjäger verstärkten Partisanenbrigaden, die nahezu ungehindert nachts aus der Luft versorgt wurden, waren ein durchaus ernst zu nehmender Gegner, der sogar 7,62 cm Feldkanonen und vereinzelte Panzer besaß und einsetzte. Ganz abgesehen von dem unzureichenden Ausbildungs- und Ausrüstungsstand der Ausbildungsabteilungen gegenüber einem solchen Gegner stießen in den weiten und unwegsamen Waldgebieten auch fast alle der von der Abteilung sorgfältig vorbereiteten Großunternehmen gegen Partisanenverbände ins Leere, weil die im Gelände freibeweglichen Partisanen längst ausgewichen waren, bevor die vorwiegend auf wenige Holzgasfahrzeuge angewiesenen mot. Eingreifkommandos überhaupt ihre Ausgangspositionen für das Unternehmen einnehmen konnten.

Unter solchen Verhältnissen konnte weder der Ausbildungsauftrag erfüllt werden, noch stand der Aufwand in einem rechten Verhältnis zu den Erfolgen bei der Sicherung eines Gebietes, das für die Versorgung der Fronttruppe mit Verpflegung bereits nahezu völlig ausgefallen war.

Kurz vor Weihnachten zog der Ob.d.L. auf Grund der Meldungen der Ausbildungsregimenter und der Feldluftgaukommandos die Rekruten wieder zu den Ersatzabteilungen ab und gab diesen damit wieder die ursprüngliche Aufgabe im vollen Umfange zurück. Unverständlicherweise wurde in das gefährdete Gebiet gleichzeitig aber ein Flugzeugführer-(!)-Ausbildungsbataillon verlegt, das zusammen mit den etwa 180 zurückgebliebenen Offizieren und dem Stammpersonal der vormaligen Flak-Ausbildungsabteilung, der man die volle Waffen- und Gerätausstattung überlassen hatte, den Großraum Polozk — Lepel — Borrissow — Witebsk freikämpfen sollte. Eine Krisenlage an der Nahtstelle der Heeresgruppe Mitte zur Heeresgruppe Nord im Abschnitt ostwärts Witebsk nach Newel herauf verhinderte auch die Erfüllung dieses Auftrages, da die 12. Flak-Division (mot.), der das Restkommando der Flak-Ausbildungsabteilung 11 inzwischen unterstellt worden war, die Bereitstellung von Flakkampftrupps für die gefährdete Front befahl.

Erst im März 1943 wurden die Ausbildungsabteilung 11 und mit ihr andere Abteilungen in ähnlicher Lage durch die inzwischen bei den Ersatzabteilungen in der Heimat ausgebildeten Rekruten und ausgekämmtes Personal aus der Heimatluftverteidigung nach und nach aufgefüllt und zu Flak-Abteilungen (tmot.) oder (v) in der Nummerngruppe zwischen 650 — 680 umgebildet.

Die ausführliche Darstellung dieser Aktion erfolgt nicht aus der Absicht heraus, billige Kritik zu üben. Vielmehr soll an Hand eines kriegsgeschichtlichen Beispiels aufgezeigt werden, wie wenig man an maßgeblicher oberster Stelle (der Verlegungsbefehl kam vom Generalstab der Luftwaffe auf Grund einer Weisung des Führerhauptquartiers) sowohl über die Ausbildungsprobleme der Flak als auch über die tatsächliche Kampflage hinter der weitgespannten Ostfront unterrichtet war. Die Folge dieser unsinnigen Maßnahme war neben einer völlig unnötigen zusätzlichen Belastung der dünnen Nachschublinien zur Front, daß die Fronttruppe die dringend erwarteten Rekruten um mindestens drei Monate später erhielt. Wenn die Absicht bestand, aus den Ersatzabteilungen neue Frontabteilungen aufzustellen, wofür ja das Gerät und die Waffen bereits im Juli 1943 bereitstanden, dann hätte man das einfacher und vor allem auch schneller Monate zuvor in der Heimat erreichen können.

Im Zuge der bereits geschilderten Umorganisation der Front-Flakverbände wurde auf Betreiben des Generals der Flakwaffe die Dienststelle eines Generals der Flakausbildung geschaffen, dem Höhere Kommandeure der Flakartillerieschulen[1]), der Feld-Flakartillerieschulen, die in der Flakersatz-Division zusammengefaßten Ersatzregimenter und die nunmehr in der Flieger-Ziel-Division organisierten Zielfliegerverbände unterstellt wurden. Die vielgestaltigen Ausbildungs- und Ersatzeinrichtungen der Flakartillerie erhielten damit die notwendige Spitze. Diese Organisationsform blieb im wesentlichen bis zum Kriegsende erhalten.

Die bereits an anderer Stelle dargelegten anwachsenden Schwierigkeiten, die sich der erfolgreichen Gefechtsführung der Flakartillerie entgegenstellten, erforderten mehr denn je eine planmäßige Fortsetzung der bereits im Frieden bewährten und hochentwickelten Ausbildungs- und Kontrollmethoden, die in ihrer Art einzig dastanden gegenüber dem, was für die anderen Waffengattungen als ausreichend angesehen werden konnte. Es würde zu weit führen, die Verfahren und die dabei eingesetzten vielseitigen Hilfsmittel darzustellen, deren die Flakartillerie zur Überprüfung der Einsatzbereitschaft, des Ausbildungsgrades und der Zuverlässigkeit ihrer Spezialisten innerhalb vor allem der schweren Batterien und zur Überprüfung des reibungslosen und zuverlässigen Zusammenwirkens aller Glieder der Batterie bedurfte. Der Zwang dazu ergab sich aus der Jagd um die Sekunde gegenüber einem schnellen Gegner. Bei Gefechtsübungen auch der eingesetzen Batterien, mit und ohne Zieldarstellung, wurden durch Flakauswertetrupps unter Einsatz von Filmaufnahmen die Wege des Zieles einwandfrei festgelegt und mit den gleichzeitig fotografierten Eingangs-, Vorhalte- und Schußwerten an den Feuerleitgeräten und den einzelnen Kanonen verglichen. So war es möglich, den Fehler eines jeden für den Kampferfolg entscheidenden Bedienungsmannes eindeutig festzulegen und seine Zuverlässigkeit wie seinen Ausbildungsstand zu ermitteln. Der Batteriechef erhielt dadurch ein unwiderlegbares Bild über etwaige Mängel innerhalb der Batterie und konnte diese durch Spezialausbildung beseitigen.

Die Ausbildung der Kanonenbatterien war bereits im Frieden darauf abgestellt worden, die Sprengpunkte der schweren Kanonen

1) Später Flak-Schuldivision.

und die Leuchtspur der mittleren und leichten Flak v o r das bekämpfte Luftziel zu setzen. Jedes Hinterherschießen galt mit Recht als sinnlose Munitionsverschwendung. Gut vor dem Ziel liegende Sprengpunkte oder Leuchtspur hatten selbst dann, wenn Treffer nicht erzielt wurden, eine hohe moralische Bedeutung gegenüber dem Flugzeugführer. Nicht jeder Flugzeugführer besaß die Härte und Rücksichtslosigkeit gegen sich selbst, auch bei unmittelbar vor ihm liegenden Flakfeuer den Kurs einzuhalten. Jede Abweichung vom Kurs im direkten Anflug auf das Ziel stellte aber die Erfüllung des Kampfauftrages in Frage.

Durch Unterstellung der Flakauswertezüge (ursprünglich Flak-Meßzüge genannt) unter die Regimentsstäbe oder die Divisionskommandos war es mit Rücksicht auf den kriegsbedingten Mangel an auch hierfür notwendigen hochqualifiziertem Personal und hochwertigem Sondergerät möglich, diese verantwortliche Aufgabe mit einem Minimum an Auswertezügen zu erfüllen. Jedenfalls konnte auf die im Frieden übliche Eingliederung je eines Auswertezuges bei jeder Abteilung verzichtet werden.

Es kann festgestellt werden, daß die vielfachen Ausbildungs-Einrichtungen und -Einheiten der Flakartillerie zwar im hohen Maße wertvolles Material und Gerät banden, daß sie aber ihre Aufgabe unter immer schwieriger werdenden Verhältnissen bis zum Kriegsende vorbildlich erfüllt haben. Am Bemühen um die Erhaltung und Förderung eines hohen Leistungsstandes der Flak haben sie entscheidenden Anteil genommen. Neben dem ständigen Austausch ihres Stammpersonals mit der Fronttruppe hat dazu nicht zuletzt die Tatsache beigetragen, daß sie ab 1942 mit ihren Ausbildungsbatterien selbst in die Heimatluftverteidigung eingebaut wurden und so die Probleme der Luftverteidigung selbst kennen lernten.

10. Die organisatorische Entwicklung der Flakartillerie des Heeres und der Waffen-SS

Die steigenden Anforderungen der Heeresverbände an die Flakartillerie an der Front ab 1941 konnten aus Mangel an Kräften nicht mehr erfüllt werden. Insbesondere war es nicht mehr möglich, dem verständlichen Wunsch des Heeres zu entsprechen und die gleichen Flakverbände auf Dauer beim gleichen Korps oder der gleichen Division zu belassen. In den vorausgegangenen Feldzügen hatte eine solche Regelung die beiden gemeinsam kämpfenden Wehrmachtteile aufeinander reibungslos einspielen lassen, obwohl die Flakartillerie den Heereskommandeuren ganz selten hatte „unterstellt" werden können, sondern meist nur auf „Zusammenarbeit mit dem Heere im Rahmen eines bestimmten Auftrages" angewiesen wurde.

Aus der Tatsache, daß die verfügbaren Flakkräfte der Luftwaffe nicht mehr ausreichten, ergab sich bei Heer und Waffen-SS die Forderung auf Aufstellung eigener Flakabteilungen für den beweglichen Einsatz über die vorhandenen 2 cm Fla.-Einheiten hinaus. Ihr wurde im Herbst 1941 entsprochen, allerdings aus Mangel an Material nur in einem unzureichenden Umfange.

Der Egoismus der einzelnen Wehrmachtteile, wobei die Frage offen bleiben soll, wer im einzelnen die größere Schuld trug, verhinderte jedoch auch hier die im Interesse der Konzentration der Kräfte notwendige organisatorische Zusammenfassung. Die neue H-Flak bei Heer und Waffen-SS trat n e b e n die mot. Luftwaffen-Flak, ohne daß man sich grundsätzlich dazu entschließen konnte, gemeinsame Führungsstellen zu schaffen, wie sie Generaloberst Weise in seinem Erfahrungsbericht aus dem Westfeldzug schon im Juli 1940 gefordert und wie sie der Oberbefehlshaber der Panzergruppe v. Kleist befohlen hatte. Ja selbst innerhalb des Heeres gelang es nicht, für die Flakwaffen einheitliche Zuständigkeiten zu schaffen. Die leichte H-Flak, die 2 cm Einheiten, verblieben in der Verantwortung der Inspektion der Infanterie (In 2), während die H-Flak (schwer) zunächst von ihrer Stammwaffe, der Artillerie, betreut wurde, bald danach aber eine eigene H-Flak-Inspektion erhielt und auch als höchsten Waffenvorgesetzten einen General der H-Flak im OKH.

Im Januar 1941 wurde in Dänemark von der Artillerie eine H-Flak-Lehrabteilung mit 3 8,8 cm und 1 2 cm Batterie aufgestellt, für die der Kommandeur und einige Spezialisten von der Luftwaffe abgegeben wurden. An Feuerleitgeräten für die schweren Batterien konnte die Luftwaffe aus Materialmangel nur die unzulänglichen Kdo.Hi.Ger. 35 zuweisen, die auch bei den ersten Frontabteilungen erst nach und nach durch Kdo.Ger. 36 oder 40/41 ersetzt wurden. Funkmeßgeräte erhielt die H-Flak überhaupt nicht, es sei denn, daß die Luftwaffe vorübergehend solche mit eigenem Bedienungspersonal zur Verfügung stellte. Auch die Ausstattung mit Kfz. durch die Feldzeugdienststellen war und blieb meist unzureichend für den zugedachten beweglichen Einsatz an der Front.

Solche Tatsachen machen erneut deutlich, daß mit unzulänglichen Mitteln keine Wunder zu vollbringen sind. Im Kleinen geschah beim Heer genau das Gleiche, was mit Recht bei der Aufstellung der Luftwaffen-Felddivisionen einige Monate später als Fehldisposition des Ob.d.L. kritisiert wurde. Diese Feststellungen müssen hier auch deswegen getroffen werden, weil sie mit der bei der Luftwaffen-Flak vielfach verbreiteten Legende brechen: Die H-Flak ist als Erdartillerie einwandfrei, als Luftschutztruppe jedoch erfüllt sie nicht ihre Aufgabe. Da schießt sie zu schlecht. Die Kritiker wußten meist nicht, mit welch unzulänglichen Mitteln die H-Flak aufgestellt wurde. Die Stellen, die in der Lage gewesen wären, die Entwicklung in die richtigen Bahnen zu steuern, die Wehrmacht-Inspektion „Flak" und den Wehrmachtsgeneral der Flakwaffe, gab es nicht, wodurch ungesunder Zersplitterung Tor und Tür geöffnet war.

Nachdem die Luftwaffe an ihrer Flakartillerieschule I in Rerik und an anderen Stellen weitere abkommandierte Heeresoffiziere und Spezialisten in der Luftabwehr ausgebildet hatte, konnte bis zum Beginn des Rußlandfeldzuges etwa ein halbes Dutzend von unzureichend motorisierten H-Flakabteilungen, jede aus einer Stabsbatterie, zwei 8,8 cm und 1 2 cm Batterie bestehend, aufgestellt werden, für die in der Heimat auch die ersten eigenen Ersatzabteilungen entstanden. Ein voller Erfolg war ihnen zunächst nicht beschieden, wobei die unzureichende Ausrüstung ebenso Ursache war wie der Umstand, daß die Heereskommandeure vielfach aus Mangel an Erfahrung nicht den rechten Gebrauch von dieser neuen Truppe zu machen verstanden. So blieb die H-Flak zunächst mehr Erdkampfartillerie und schwere Panzerabwehrtruppe als Luftabwehrtruppe.

Die Lehrabteilung wurde in der Zwischenzeit nach Frankreich verlegt und erwarb hier im beweglichen Einsatz wertvolle Erfahrungen im Verband der Luftwaffen-Flak, die durch die ersten Abschußerfolge gekrönt wurden.

Nach und nach entstanden weitere H-Flakabteilungen, die meist den Panzer- und Panzer-Grenadierdivisionen zugeteilt wurden. Die Eingliederung in die Panzerartillerie-Regimenter als IV. Abteilung befriedigte nicht, weil sie die Spezialtruppe immer wieder im Erdkampf band und ihrer eigentlichen Aufgabe, zumindest für die Dauer von Kampfhandlungen, entzog.

Daraufhin wurden die Abteilungen selbständig; in der Nummergruppe 271—1256 wurden nach und nach insgesamt 55 H-Flakabteilungen aufgestellt, die zum geringeren Teile zu den Heerestruppen gehörten, während die Masse der Abteilungen durchaus zweckmäßig kriegsgliederungsmäßig den Panzer- und Panzer-Grenadier-Divisionen zugeteilt wurde. Die als notwendig empfundene Zuteilung einer 3. (schweren) Batterie wurde bis zum Kriegsende nicht möglich, wie auch die Zahl der jeweils verfügbaren Abteilungen nicht reichte, um grundsätzlich jede schnelle Division damit auszustatten.

Teilweise unter Aufteilung der vorhandenen Fla.-Kompanien rüstete das Heer zur Abwehr von Tieffliegerangriffen seine Divisionen vermehrt mit 2 cm und 3,7 cm Flakwaffen aus, ohne daß die Material- und Personallage eine Ausstattung in dem Umfange erlaubte, der der Luftkriegslage entsprochen hätte. Die eine Fla.-Kompanie in der Panzerjägerabteilung, die ab 1944 die Regel wurde, konnte in den zusehends verbreiterten Divisionsabschnitten bei der Luftüberlegenheit des Gegners keinen ausreichenden Schutz sicherstellen.

Gegen Kriegsende, im Herbst 1944, wurde zur Abwehr der pausenlosen Jabo-Angriffe mit der Aufstellung einiger leichter Heeres-Flakbrigaden (mot) zum Einsatz an den Marschstraßen und in den rückwärtigen Teilen des Operationsgebietes begonnen. Diese „Brigaden" sollten aus 2 Abteilungen mit je 4 leichten Batterien bestehen, die entweder mit 24 Flieger-M.G. Flakdrilling 151/20 oder 151/15 oder aber mit 2 cm Flak-Vierlingen bzw. 3,7 cm Flak ausgerüstet wurden. Die Versorgungslage gestattete jedoch nicht mehr die volle Durchführung dieses Programms, ganz abgesehen davon, daß für die aufgestellten Einheiten die notwendigen schnellen und wendigen Kraftfahrzeuge oder Selbstfahrlafetten nicht mehr zur Verfügung gestellt werden konnten.

Etwa zur gleichen Zeit entstanden, einer alten berechtigten Forderung der Panzertruppe entsprechend, die ersten Panzer-Flakabteilungen, für die ein gelungenes, mit einer neuen 3 cm Fla-Kanone bestücktes Spezialfahrzeug, der „Kugelblitz", entwickelt worden war. Auch in diesem Falle kam die neue Waffe so spät und in so geringer Zahl heraus, daß nennenswerte, den Feldluftschutz beeinflussende Erfolge nicht mehr erzielt werden konnten.

Insgesamt hat das Heer, unter Einschluß der bereits im Frieden vorhandenen M.G.-Bataillone, rund 60 Fla.-M.G. Bataillone, 11 Panzer-Flakabteilungen oder Kompanien und 55 H.-Flakabteilungen aufgestellt. Außer den Fla.-Kompanien der Divisionen und den Truppenluftschutzeinheiten waren das rund 270 leichte und 110 schwere Flak-Batterien oder Kompanien, die allerdings nie in dieser Zahl zum gleichen Zeitpunkt zur Verfügung standen.

Aus den gleichen Ursachen und Erwägungen wie das Heer stellte ab 1941 auch die Waffen-SS neben Truppenluftschutzeinheiten bei ihren Panzer-, Panzergrenadier- und Artillerie-Regimentern bei jeder ihrer Divisionen eine Flak-Abteilung (mot) auf, deren 2 schwere Batterien jedoch 6 8,8 cm Kanonen umfaßten und damit leichter die Abstellung von Flakkampftrupps für Erdeinsätze ohne Gefährdung der Luftschutzaufgaben gestatteten, als es bei den schwächeren H.-Flak-Abteilungen möglich war. Insgesamt entstanden im Verband der Waffen-SS nach und nach einige 30 Flakabteilungen, zu denen noch für den Schutz des Obersalzberges die SS-Flak-Abteilung „Berchtesgaden" trat, die im Sommer 1944 größtenteils aus RAD-Flakbatterien zusammengestellt wurde.

Der Spitzengliederung des Heeres entsprechend bildete auch die Waffen-SS eine eigene Flakinspektion, und zwar in der Amtsgruppe C (Inspektionen) des SS-Führungshauptamtes die In. 13-Flak.

Für den Fronteinsatz und die Waffenerfolge der H.-Flak bei Heer und Waffen-SS gilt weitestgehend das, was über den beweglichen Einsatz der mot. Flakartillerie der Luftwaffe gesagt wurde. Ein Nachteil haftete diesen neuen Luftschutzeinheiten der Wehrmachtteile an: Die divisionseigenen Flakeinheiten des Heeres und der Waffen-SS wurden gegen Ende des Krieges meist in einem solchen Ausmaße zu Gunsten der Verstärkung der Panzerabwehr oder als Artillerie eingesetzt, daß sie die mindest ebenso so lebenswichtige Luftschutzaufgabe kaum noch erfüllen konnten. Die ständigen Krisenlagen an den Fronten, die die Übermacht des Gegners auf allen Gebieten der Kampfführung schuf, mögen diese Entwicklung verständlich machen und bis zu einem gewissen Grade rechtfertigen, soweit nicht Unkenntnis der Wirkungs- und Einsatzmöglichkeiten der Flakartillerie die Ursache waren. Die auf Zusammenarbeit angewiesenenen Verbände der Luftwaffen-Flak konnten sich, notfalls mit Unterstützung ihrer eigenen Kommandostellen, vor Überforderungen schützen, die divisionseigene H.-Flak vermochte es aus verständlichen Gründen meist nicht. Die Folgen äußerten sich im schnellen Verschleiß hochwertigen Sondergerätes und in einem verminderten Schutz der hart ringenden Erdtruppe gegen Angriffe aus der Luft.

Eine zukünftige Führerschulung wird auf die Vermittlung gründlicher Kenntnisse über die Einsatzgrundsätze und die Wirkungsmöglichkeit der Flakartillerie im Kampf der verbundenen Waffen gesteigerten Wert legen müssen.

Die vielfach aufgetretene Tatsache, den H.-Flakverbänden nicht artgemäße Kampfaufträge zuzuweisen, macht es auch verständlich, wenn gerade aus dem Kreise von Heeresangehörigen besonders häufig die geringen Abschußerfolge dieser Waffe kritisiert werden. Neben den bereits dargestellten Mängeln bei der materiellen Rüstung dieser Verbände blieb entscheidend, daß ihre Einheiten meist für Luftschutzaufgaben überhaupt nicht verfügbar waren, weil man ihnen Aufträge zugewiesen hatte oder zuweisen mußte, die zweckmäßiger der Artillerie oder den Panzerjägern erteilt worden wären.

11. Die Marineflak im Kriege

Der Flakschutz der Hauptliegehäfen der Kriegsmarine, ihrer Stützpunkte und Küstenbefestigungen wurde bei der Mobilmachung planmäßig von der aus der Marineartillerie aufgestellten Marine-Flak übernommen. In der Masse handelte es sich dabei um ortsfeste Batterien, zu denen im weiteren Verlauf des Krieges vereinzelt auch Eisenbahn-Flak-Einheiten traten, die teils mit Flakwaffen der Luftwaffenbaumuster, mit Beutegeschützen und ebenso mit Bordflakgeschützen abgeänderter Konstruktion mit Kalibern von 2 cm bis herauf zu 15 cm ausgerüstet wurden.

Die örtliche Flakführung um Schutzobjekte, für deren Luftschutz die Kriegsmarine die Verantwortung trug, lag grundsätzlich in den Händen von Marine-Flakstäben. Wurden zur vorübergehenden Schwerpunktbildung Luftwaffen-Flakeinheiten zugeführt, so traten diese taktisch ebenfalls unter den Befehl der Marine, die für den Nahbereich um ihre Schutzobjekte auch den eigenen, schon im Frieden vorbereiteten Flugmeldedienst einsetzte. Lediglich zur Unterrichtung über die Großraum-Luftlage und beim Zusammenwirken mit der Jagdabwehr war auch die Marine-Flak auf engste Zusammenarbeit mit der Luftwaffe angewiesen.

Ab 1940 erweiterten sich die von der Marine zu sichernden Küstenabschnitte nach und nach um ein Vielfaches; zugleich stieg die Zahl der Stützpunkte der schwimmenden Einheiten. Die Zahl der Marine-Flakeinheiten mußte dementsprechend laufend vermehrt werden. Aus

15 schwachen Stammkompanien der aktiven Marine-Artillerieabteilungen entstanden im Verlauf des Krieges nacheinander insgesamt 5 Marine-Flak-Regimentsstäbe und 88 Marine-Flak-Abteilungen (siehe Anlage).

Schießtechnisch war die Marine-Flak vom Anbeginn des Krieges an stets auf der Höhe, obwohl ein gewisser Waffenstolz der maßgeblichen Kommandostellen leider nicht immer schnell genug die auf Veranlassung der Luftwaffen-Flak verbesserten Feuerleitgeräte in angemessener Form zum Einsatz bringen ließ. Diese kritischen Bemerkungen seien einem Luftwaffen-Flakartilleristen gestattet, der in der ersten Hälfte des Jahres 1944 Gelegenheit hatte, die Kampfführung der Marine-Flak um einen ihrer Hauptstützpunkte aus nächster Nähe zu beobachten. Diese Kritik bestreitet in keiner Weise den Einsatzwillen und das schießtechnische Können der Marine-Flakbatterien.

Gegen Ende des Jahres 1943 stellte der Reichsarbeitsführer auch für die Marine 20 RAD-Flakbatterien auf, die zu je 2 oder 4 von Memel bis Emden in den Verband der eingesetzten Marine-Flak-Abteilungen eingegliedert wurden. Die waffentechnische Ausbildung der RAD-Führer, -Unterführer und Spezialisten wurde dabei der Marine-Flugabwehrschule in Swinemünde übertragen.

Auch die Marine-Flak war als Mehrzweckwaffe ausgebildet. Neben die Luftschutzaufgabe trat zur Unterstützung der Küstenbatterien der Marine-Artillerie der Einsatz gegen Seeziele und bei der Rundum-Verteidigung der Marinestützpunkte. Vor allem an der Kanal- und Atlantikküste, ebenso aber auch bei der Verteidigung von Memel, Pillau, Danzig und Swinemünde haben Einheiten der Marine-Flak erfolgreich in die Erdkämpfe eingegriffen und bewiesen, daß sie auch dieser Aufgabe gewachsen waren.

12. Die RAD-Flak

Unter dem Eindruck der Schwäche der eigenen Luftverteidigung angesichts der sich immer stärker auswirkenden Luftangriffe der Gegner befahl der Reichsarbeitsführer im Einvernehmen mit dem Ob. d. L. die Aufstellung von Flakbatterien aus dem Reichsarbeitsdienst bei der Luftwaffe, der Kriegsmarine und der Waffen-SS. Sie sollten den Flakschutz in den rückwärtigen Gebieten hinter der Front und in der Heimat verstärken, zugleich aber auch Offiziere und Soldaten jüngerer Jahrgänge, die in der Heimatluftverteidigung gebunden waren, für den

Fronteinsatz freimachen. Sowohl aus Führungsgründen, vor allem aber, weil man sich mit Recht davon einen größeren Erfolg versprach, wurde auf eine Einstellung der RAD-Männer in bestehende Batterien etwa in der Form, wie es bei den Luftwaffenhelfern üblich war, verzichtet und der Weg gegangen, reinrassige RAD-Flakbatterien aufzustellen, die taktisch in bestehende Abteilungen der Luftwaffe oder der Kriegsmarine eingegliedert wurden.

Man kann über die Zweckmäßigkeit dieser Maßnahme bei Betrachtung aus dem Blickwinkel der Gesamtorganisation der Wehrmacht verschiedener Meinung sein und sie sogar als groben Fehler bezeichnen. Die tatsächlichen Erfolge sprechen aber eine andere Sprache. Der Luftverteidigung wurden damit rund 420 Einzelbatterien (nur bei der Waffen-SS wurde auch ein eigener RAD-Flakabteilungsstab aufgestellt) mit, auf ausdrücklichen Befehl des Reichsarbeitsführers, nach dem Grad ihrer körperlichen Leistungsfähigkeit ausgesuchten Jungmännern zugeführt, die normalerweise zur Einziehung in die Truppe aus Altersgründen noch nicht heranstanden. Führer- und Unterführernachwuchs der Wehrmachtsteile und Kriegsfreiwillige durften jedoch in die RAD-Flakbatterien nicht eingestellt werden. Sie leisteten auch weiterhin lediglich ihre verkürzte drei- oder viermonatige RAD-Pflichtdienstzeit in einer Abteilung des allgemeinen RAD ab, um dann bei ihrem Wehrmachtteil einzutreten. Dadurch wurde sichergestellt, daß der Front der dringend benötigte Nachwuchs an Führungskräften nicht unnötig vorenthalten wurde.

Der Personalnachschub für die RAD-Flakbatterien wurde zunächst der üblichen dreimonatigen allgemeinen soldatischen Grundausbildung in einer normalen RAD-Abteilung unterworfen. Danach erfolgte dreimonatige Ausbildung in einer eingesetzten Luftwaffen- oder RAD-Flakbatterie an der Waffe bzw. Spezialistenausbildung an den Waffenschulen der Wehrmachtsteile. Nach Abschluß dieser Ausbildung übernahm der Nachwuchs von einem zum anderen Tage die Ablösung der Männer, die nach sechsmonatigem Einsatz in einer RAD-Flakbatterie zur Wehrmacht abgegeben wurden. Dabei wurde zweckmäßig angestrebt, daß die ausgebildeten RAD-Flakartilleristen nach Kurzausbildung bei der Wehrmacht für den Fronteinsatz wiederum der mot. Flakartillerie, zumindest aber verwandten Waffengattungen wie z. B. den Panzerjägern oder der Artillerie, zugeführt werden sollten. Der außerordentliche Ersatzbedarf vor allem der Infanterie führte aber in der Praxis dann doch weitgehend dazu, daß dieser vernünftigen Forderung nicht völlig entsprochen werden konnte.

Bestimmte Spezialisten (E Meßleute, Kdo.-Ger. Bedienungen, Geschützführer u. ä) sollten aus Ausbildungsgründen insgesamt 12 Monate in den RAD-Flakbatterien verbleiben.

Aus kriegsbedingten Gründen ist es in den meisten Fällen nur noch zu einer einmaligen Ablösung der RAD-Männer in den RAD-Flakbatterien gekommen, wobei vielfach RAD- und waffentechnische Grundausbildung auf insgesamt 3—4 Monate zusammengedrängt werden mußten.

Batteriechefs, Batterieoffiziere und bestimmte Unterführer hatte in einer Gesamtstärke von 10 Köpfen je Batterie der RAD aus seinem Stammpersonal zu stellen. Zu diesem Zweck gaben Luftwaffe und Kriegsmarine alle RAD-Führer und -Unterführer, die als Offiziere oder Unteroffiziere bei der Truppe standen, frei, sofern sie Flakartilleristen waren. Darüber hinaus wurden aus der Ersatz-Wehrmacht nicht frontdiensttaugliche Offiziere und Unteroffiziere, die Angehörige des Stammpersonals des RAD waren, herausgelöst oder gegen andere RAD-Führer, die noch nicht an der Front als Soldaten eingesetzt worden waren, ausgetauscht, um dann vor Einsatz in den RAD-Flakbatterien auf den Flakartillerieschulen der Luftwaffe und der Kriegsmarine auf die neue Waffe umgeschult zu werden. Da dieses Personal aber für die große Zahl der RAD-Flakbatterien nicht entfernt ausreichte, wurden zahlreiche ausgesuchte RAD-Führer und Unterführer im Schnellverfahren durch Sonderlehrgänge zu Batteriechefs, Batterie- und Meßoffizieren oder Meßtrupp- bzw. Geschützstaffelführern ausgebildet. Sie haben später im Einsatz zusammen mit ihren jungen Männern alle Erwartungen erfüllt.

Soweit in den einzelnen RAD-Batterien nicht sofort genügend flakartilleristisch ausgebildete und erfahrene RAD-Führer und -Unterführer zur Verfügung standen, verblieb die waffentechnische Ausbildung und die Gefechtsführung in den Händen eines schwachen Truppenkommandos, meist in Stärke eines Offiziers und einiger Unteroffizierdienstgrade, die nach Erfüllung der Voraussetzungen, im Laufe des Sommers 1944 fast ausnahmslos, abgelöst werden konnten.

Taktisch wurden die RAD-Batterien Bestandteil der Flakabteilungen, in die sie eingegliedert wurden und deren Nummer sie neben der RAD-Einheitsbezeichnung führten (Beispiel: RAD-Flakbatterie 5./217 (RAD

6/10), d. h. 6. Abteilung der RAD-Gruppe 10 als 5. Batterie der Flakabteilung 217). Die Überwachung der waffentechnischen Ausbildung und der Einsatz der Batterien oblag uneingeschränkt der zuständigen Kommandostelle der Luftwaffe oder der Kriegsmarine. Es wurde also vernünftigerweise kein neuer Wehrmachtsteil mit einer neuen Flakinspektion geschaffen. O.K.L. bzw. O.K.M. koordinierten den Einsatz in direkter Kontakthaltung mit der Reichsarbeitsdienstleitung. Das Gleiche galt für die Luftgaukommandos den zuständigen RAD-Arbeitsgauführern gegenüber. Die eingesetzten RAD-Flakbatterien waren im übrigen gehalten, Durchschriften ihrer Gefechtsmeldungen an die vorgesetzten RAD-Dienststellen zu geben.

Personell und verwaltungsmäßig, wozu auch die RAD-Ausbildung und Erziehung gehörte, blieben die RAD-Flakbatterien ihren RAD-Gruppenstäben bzw. RAD-Arbeitsgauführern unterstellt, beim RAD verblieb auch die Disziplinarstrafgewalt nach der eigenen, dem jugendlichen Alter der RAD-Männer angepaßten Dienststrafordnung des RAD. Lediglich bei bestimmten kriegsgerichtlichen Tatbeständen, die sich aus dem Einsatz mit der Waffe vor dem Feinde ergaben, waren die Verfahren unter Mitwirkung von RAD-Richtern an ordentliche Kriegsgerichte abzugeben.

Sofern es die Zahl der in einem Bereich eingesetzten RAD-Flakbatterien vertreten ließ, wurden die RAD-seitig eingesetzten RAD-Gruppenstäbe mit schwacher Personalbesetzung den für die Luftverteidigung verantwortlichen Luftwaffen- oder Marinestellen beigegeben, um durch eine enge Koordinierung jede hemmende Reibungsmöglichkeit auszuschalten. In solchen Fällen betreuten die Gruppenstäbe lediglich RAD-Flakbatterien und RAD-Flakausbildungsabteilungen, nicht aber Abteilungen des allgemeinen RAD, der bei kriegswichtigen Arbeitsvorhaben eingesetzt war. Der Arbeitsgauführer am Sitz eines Luftgaukommandos bzw. im nächstgelegenen Standort war zugleich bevollmächtigter Verbindungsführer des Reichsarbeitsführers zum Kom.Gen. und Befh. im Luftgau.

Die Absicht, im Verbande der Luftwaffe reinrassige RAD-Flakabteilungen unter entsprechend ausgebildeten RAD-Führern aufzustellen, die bereits als Batteriechefs und Reserveoffiziere bei der Luftwaffen-Flak an der Front gestanden und sich voll qualifiziert hatten, kam bis zum Kriegsende nicht mehr zur Durchführung. Der Anfang dazu wurde jedoch noch geschaffen, und zwar in Gestalt von Flak-Abteilungen, die unter Luftwaffenstäben, in denen vereinzelt auch bereits

RAD-Führer taktische Funktionen ausübten, nur noch reinrassige RAD-Flakbatterien umfaßten.

Nach den ersten guten Ausbildungs- und Einsatzerfahrungen entschloß sich das O.K.L. im Einvernehmen mit dem Reichsarbeitsführer eine große Anzahl der ursprünglich nur für den Einsatz im Heimatkriegsgebiet vorgesehenen RAD-Flakbatterien nach dem Westen zu verlegen, wo sie vorwiegend in den küstennahen Bereichen und um Paris in Stellung gingen. Soweit sie nicht als tmot. oder verlegefähige Einheiten die Möglichkeit hatten, sich zusammen mit den beweglichen Heeresverbänden zur Reichsgrenze durchzuschlagen, sind sie im Bombenhagel oder im Artilleriekampf untergegangen oder wurden von Panzern überrollt. Die letzten dieser RAD-Batterien harrten in den noch gehaltenen Stützpunkten an der Atlantik- und Kanalküste bis zur Invasion Schulter an Schulter mit ihren älteren Kameraden der anderen Wehrmachtteile aus.

Außerhalb der Reichsgrenzen übernahmen Höhere RAD-Führer (L) die Funktionen, die im Heimatgebiet durch die Arbeitsgauführer den RAD-Flakbatterien gegenüber wahrgenommen wurden; sie wurden mit kleinem Stab den Luftflotten bzw. den Luftwaffenkommandos beigegeben und wirkten hier zugleich als Verbindungsführer des Reichsarbeitsführers Konstantin H i e r l .

Als der Endkampf 1944/45 die Reichsgrenzen im Osten und im Westen erreichte und überflutete, wurden auch aus den RAD-Flakbatterien der Heimatluftverteidigung zahlreiche z. b. V. (Erdkampf-) Batterien und Flakkampftrupps herausgelöst und an die schwer bedrohten Fronten bei Aachen und an der Oder geworfen. Sie versagten hier genau so wenig wie die in der Luftabwehr verbliebenen Batterien, die in der Endphase aus ihren ortsfesten Stellungen meist auch noch in Erdkämpfe verwickelt wurden.

Häufig wird heute von den Leistungen und Erfolgen der RAD-Flakbatterien in der Schlußphase des Krieges behauptet, daß sie eine Folge der Fanatisierung jugendlicher Idealisten durch ihre Führung waren. Dem muß mit aller Schärfe aus persönlicher Kenntnis der Dinge widersprochen werden. Das vom Reichsarbeitsführer mit größter Aufmerksamkeit überwachte Erziehungs- und Ausbildungsprogramm der jungen RAD-Männer war auf die pflichtgetreue Erfüllung staatsbürgerlicher Pflichten gegenüber Volk und Vaterland abgestellt, nicht aber auf eine Fanatisierung durch Schlagworte im Stil der

Göbbelspropaganda. Hinzu kam eine fortschrittliche infanteristische Grundausbildung im Gelände (Schießgärten u. ä.), die auch bei eingesetzten Flakbatterien nicht vernachlässigt werden durfte. Zu einer Fanatisierung blieb angesichts weitgesteckter Ausbildungsziele auf zweierlei Gebieten überhaupt keine Zeit, weil dem Reichsarbeitsführer als altem Berufsoffizier bei der militärischen Situation des Reiches daran lag, wenn schon zwangsläufig der RAD seiner eigentlichen Friedensaufgabe entzogen werden mußte, auch hier ganze Arbeit zu leisten und der Fronttruppe einen sorgfältig ausgebildeten Ersatz zur Verfügung zu stellen, der allein eine Verminderung der schweren Blutopfer gewährleisten konnte.

Das Geheimnis der Erfolge der RAD-Flakbatterien in allen Einsätzen liegt also nicht in einer Fanatisierung, die auf die Dauer sich noch nie schweren Belastungen gewachsen gezeigt hat, sondern allein darin, daß die Truppe altersmäßig und damit in ihrer physischen Leistungsfähigkeit einheitlich war, zugleich aber auch unter feldmäßigen Bedingungen so gründlich ausgebildet wurde, wie es die Verhältnisse damals noch erlaubten. In keiner anderen Waffengattung der deutschen Wehrmacht waren 1944/45 solche Voraussetzungen noch gegeben.

Stellungswechsel mittels Schlitten, Winter 1941/1942

Westen wie im Osten den Forschungen in diesem Bereich weitgehende Unterstützung zuteil wird.

Ausblick

Die steile Aufwärtsentwicklung der Flugtechnik, die ab 1944 mit der Einführung von Düsen- und Strahltriebwerken einsetzte, wirft ohne Zweifel die Frage auf: Ist die Flak überhaupt noch zeitgemäß, hat sie überhaupt noch eine Daseinsberechtigung?

Beantwortet man die Frage aus dem Blickwinkel des Standes der technischen Entwicklung bei Kriegsende 1945, so wird man die Daseinsberechtigung der Flak für die heutige Zeit häufig bestreiten wollen. Im Ringen um den Ausgleich befand sich auf deutscher Seite die verzweifelt kämpfende Erdabwehr in einer hoffnungslosen Unterlegenheit gegenüber einem zumindest materiell haushoch überlegenen Angreifer aus der Luft. Eine Gegenüberstellung jener Situation mit dem heutigen Entwicklungsstand der Luftwaffen muß aber zwangsläufig zu Vorurteilen führen, die ernsthaft nicht zu vertreten sind.

So wie die Angriffswaffen weiter entwickelt wurden, haben sich inzwischen auch die Abwehrmittel ganz erheblich verbessert. Das war immer schon so und wird in Zukunft auch so bleiben, sofern im Einzelfall nicht materielle Beschränkungen Riegel vorschieben. Wenn wir heute von neuen Flakverbänden sprechen, so meinen wir, und das sei in aller Deutlichkeit ausgesprochen, solche mit neuer, moderner Ausrüstung und Bewaffnung, die den heutigen Anforderungen gerecht werden und darüber hinaus möglichen weiteren Entwicklungen von morgen und übermorgen entgegenkommen. Jede Diskussion etwa auf der Ebene 8,8 cm Flak 18 gegen Düsenbomber 1953/54 ist abwegig.

Die Geschichte der deutschen Flakartillerie aller Waffengattungen beweist, daß diese junge Waffe sich allen ihr in schneller Folge entgegentretenden schießtechnischen Problemen irgendwie gewachsen gezeigt hat. Zumindest hat sie nicht resigniert und sich auch bei kriegsbedingten Materialbeschränkungen durch Aushilfen der Lage anzupassen verstanden. Auch in der Zukunft wird die Anpassung und das Mitgehen mit den technischen Entwicklungen das die Truppe und ihre Führung beherrschende Element sein müssen. Ein Verzicht hierauf würde, übrigens auch in allen anderen Waffengattungen einer modernen Wehrmacht, in einem weitgehend von der Technik beherrschten Zeitalter Rückschritt bedeuten.

Die Notwendigkeit und Daseinsberechtigung einer Flugabwehr von der Erde aus kann solange nicht bestritten werden, wie Jäger und Zerstörer, also fliegende Verbände, vom Wetter abhängig bleiben. Die für alle Operationen des auf der Erde kämpfenden Heeres mitentscheidende Frage der Luftherrschaft über dem Kampfraum ist eine in Minuten wandelbare Angelegenheit. Auch stärkste zur Abwehr von Luftangriffen eingeteilte Fliegerverbände werden den notwendigen lückenlosen Luftschirm über dem Kampfraum des Heeres nie sicherstellen können. Darüber muß man sich klar sein. Die tiefgegliederte Auflockerung der „Fronten" als Gegenmaßnahme gegen möglichen Atomwaffeneinsatz hat darüber hinaus die Schutzräume ganz erheblich erweitert. Auch der Luftgegner, und nicht nur die eigene Luftwaffe, fliegt mit Überschallgeschwindigkeiten, die blitzschnelles Auftauchen und Verschwinden gewährleisten.

Der Schutz des Luftraumes wird demgemäß nach wie vor nicht allein den fliegenden Verbänden überlassen werden können, sondern muß auch in Zukunft in der Erdabwehr seine Grundlage behalten.

Zweifellos birgt die in Deutschland 1944 begonnene und vom Ausland inzwischen großzügig vorangetriebene Entwicklung von Flakraketen eine Fülle neuer und wirksamerer Abwehrmöglichkeiten, die geeignet sind, die Luftangriffstaktik des letzten Krieges grundlegend zu verändern ... solange in stetem Auf und Ab von Angriffs- und Abwehrwaffen nicht auch dagegen Mittel gefunden werden, die den vermeintlichen Vorteil neutralisieren. Man hüte sich vor utopischen Betrachtungen und damit vor einer Überschätzung der Wirkungsmöglichkeiten von Flakraketen, solange die USA und die Sowjetunion, sicherlich aus gutem Grund und gestützt auf praktische Erfahrungen, neben der Entwicklung von Flakraketenwaffen die technische Verbesserung der klassischen Flakkanonen noch nicht vernachlässigen.

Aus diesem Blickwinkel betrachtet, erscheint die Formulierung einer Stellungnahme etwa in der Form: „Flak nein, Raketen ja!" nicht treffend; nicht treffend deswegen, weil sie der Forderung auf Mitgehen mit der technischen Entwicklung der Gegenwart nicht voll entspricht, ganz abgesehen davon, daß man in der Flakrakete durchaus eine moderne Form der Flak sehen muß. Tatsache bleibt zunächst noch, daß sich die Flugabwehr von der Erde aus beider Mittel bedienen muß, der Granate und der Rakete.

Das den Flakartilleristen beherrschende Ringen um die Zeit, um Sekunden und um Bruchteile davon, ist bei Fluggeschwindigkeiten von 330 und mehr Meter/Sekunden heute noch schwieriger und bedeutsamer. Andererseits können Flugzeuge mit Schallgeschwindigkeit nicht mehr so rasch durch Kursänderungen Flakfeuer ausnavigieren, wie das geringere Geschwindigkeiten zuließen. Wenn sie den Auftrag haben, Punktziele anzugreifen und zu zerstören, werden sie zur Zielfindung suchen und langsamer fliegen müssen.

Verkürzung der Errechnungszeiten der Schußwerte unter gleichzeitiger Ausschaltung menschlicher Fehlerquellen durch verstärkte Mechanisierung der Rechengeräte (Elektronik), elektromechanische Steuerung der Kanonen vom zentralen Feuerleitgerät aus, Radarkoppelung der Rechengeräte und Koppelung einer jeden leichten Flakwaffe gegen Tiefangriffe mit Radar, größere Schußfolge bei Verkürzung der Geschoßflugzeiten, Funksteuerung der einzelnen Geschosse nach Verlassen des Rohres auf der Flugbahn als Gegenwirkung gegen Kursänderung des Zieles, neuartige Annäherungszünder, die auf die Temperaturen der Triebwerke oder die elektromagnetischen Felder um das Flugziel ansprechen, Munition mit erhöhter Sprengwirkung ohne Kalibererweiterung (Atomgeschosse) mögen hier als Beispiele für Entwicklungs- und Forschungsgebiete gelten, in denen, wie ein Blick durch die ausländische Fachliteratur beweist, wesentliche Fortschritte bereits erzielt werden konnten und weiterhin zu erwarten sind. Trotz mancherlei Grenzen, die heute noch das Material setzt, sind alle Möglichkeiten in diesem Bereich sicherlich noch nicht erschöpft. Der radargesteuerte 7,5 cm „Skysweeper" (Himmelsbesen) der US Army bietet im Rahmen einer solchen Betrachtung ein interessantes Beispiel.

Funkgesteuerte Raketen mit hoher Geschwindigkeit und Atom-Sprengladung können morgen neue und noch wirksamere Flakwaffen sein. Heute sind sie aber anscheinend noch nicht in der notwendigen technischen Reife in genügender Zahl vorhanden. Man übersehe dabei aber nicht, daß die funkgesteuerte Raketen-Flugabwehr empfindlicher Leitgeräte bedarf, die gegen feindliche Funkstörung gesichert werden müssen. Sie wird daher, nach dem heutigen Stand der Technik, die ihr zugedachte Aufgabe wirksam nur in der Heimatluftverteidigung im ortfesten Einsatz erfüllen können.

Wie denkt man sich dann aber, wenn man die Kanonenflak ablehnt, den nicht minder wichtigen Flakschutz der Front, ihrer Bereitstellungen und Artillerieräume? Hier kann man vorerst auf moderne motorisierte leichte und mittlere Flakbatterien mit Kalibern bis herauf um 8 cm noch nicht verzichten. Anflughöhen von 7 bis 8000 Metern sind erfahrungsgemäß auch im Angriff auf das Hauptkampffeld eine Tatsache, die selbst bei aufgelockerter Tiefengliederung der auf der Erde kämpfenden Truppe bei Bombenteppichen durchaus nicht nur moralische Wirkung zeigen. Dem darf die Truppe auch in Zukunft nicht schutzlos ausgesetzt sein. Die Abwehr durch etwa aus dem rückwärtigen Gebiet angesteuerte Flugabwehrraketen wird bei Eindringtiefen des Gegners bis in die Artillerieräume wenig wirksam sein können, weil diese Raketen erst dann am Himmel erscheinen können, wenn die Düsenbomber nach Wurf bereits wieder abgedreht haben; sie erst dann angreifen zu können, wird weder den Flakartilleristen noch die unter den Bombenteppichen leidende Truppe befriedigen können. Dem Gedanken, Raketenbatterien weit vorn, also etwa im Feuerbereich der mittleren und leichten Artillerie des Gegners einzusetzen, steht die Empfindlichkeit der Feuerleitgeräte und eine gewisse Schwerfälligkeit beim Stellungswechsel entgegen. Verzichtet man aber auf den Einsatz hochreichender mittlerer Flakkanonen im Hauptkampffeld überhaupt, wird man erleben, daß die fliegenden Kampfverbände, in geringeren Höhen anfliegend, ihre Bombenlasten noch wirksamer ins Ziel bringen.

Die UNO-Streitkräfte in Korea haben, auch das ist im Rahmen dieses Ausblicks interessant, die Bedeutung und den Wert der Kanonen-Flak als M e h r z w e c k w a f f e an der Front vielfach erfahren und anerkannt. Für Feldverwendung gut durchkonstruierte Flak ist das Rückgrat der Artillerie des Feldheeres und die willkommene Reserve der tiefgegliederten Panzerabwehr in Krisenlagen.

Aus den Erfahrungen des letzten Krieges ist unabdingbar die Lehre zu ziehen, daß man die Bodenabwehr in erster und in zweiter Linie in ihrer eigentlichen Kampfaufgabe beläßt und nur im Falle äußerster Not vorübergehend Teile für Erdkampfaufgaben freistellt. Sie müssen auch dafür gerüstet und ausgebildet sein.

Gelegentlich hört man die Forderung auf Vereinigung der Flak mit der Pak zur Einheitswaffe und beruft sich dabei auf die Beispiele der russischen 7,62 cm und der deutschen 8,8 cm Flak/Pak. Angesichts der grundlegend anderen Bedingungen, unter denen Panzer- und Luftangriffe ablaufen, ist es fraglich, ob das in beiden Lagen vollwertige Einheitsgeschütz geschaffen werden kann. Gegen eine solche Forderung stehen ebenso auch die höheren Kosten der Feuerleitgeräte zur Flugabwehr und mindestens ebenso sehr die langwierige Ausbildung guter Flakartilleristen. Jeder Truppenkommandeur wird aber, das hat sich seit 1945 offensichtlich nicht geändert, immer froh sein, wenn er über mittlere und leichte Flakbatterien verfügt, die ihm das Hauptkampffeld gegen Luftangriffe aller Art schützen und die, wenn es nötig ist, im Artilleriekampf oder bei der Abwehr von Panzerangriffen voll ihren Mann stehen.

Neben reichhaltiger Ausstattung aller Verbände mit leichten Flakwaffen für den Truppenluftschutz unter voller Einbeziehung der Versorgungstruppen wird die moderne Division kriegsgliederungsmäßig über je eine leichte Flakabteilung (mot. s.) und eine mittlere Flakabteilung (mot. z.) zu je 4 Batterien verfügen müssen, für deren taktischen Einsatz ein Divisions-Flakführer verantwortlich ist. Weitere Flakverbände sind als Korps-, Armee- und Heerestruppen einzuteilen, und zwar sowohl zum Schutz des rückwärtigen Gebietes und der Nachschubwege, als ebenso auch als Reserve für Schwerpunktbildungen und vorübergehende Verstärkung des Flakschutzes von Divisionen, die im Brennpunkt von Kampfhandlungen stehen und dieserhalb im besonderen Maße Luftangriffen ausgesetzt sind.

Alle diese Überlegungen sprechen ebenso wie die Erfahrungen des letzten Krieges dafür, daß zumindest das Feldheer zunächst auf die Kanonen-Flak noch nicht verzichten kann. Zur Zeit trägt sich ja auch keine moderne Wehrmacht mit dem Gedanken, etwa auf die Artillerie nur deswegen zu verzichten, weil durch Einsatz von Jagdbombern oder von Raketenwaffen in bestimmten Lagen das Gleiche oder ein Mehr an Waffenwirkung zu erreichen ist.[1])

---

[1]) Interessant sind in diesem Zusammenhang Meldungen aus dem Koreafeldzug, wonach auf der UNO-Seite mehr als ⅔ der Flugzeugverluste, nahezu 1000 Maschinen, auf Flakabschüsse entfielen. Dabei liegen keinerlei Meldungen über den Einsatz von Fla.-Raketen auf roter Seite vor.

8,8 cm Flak im Erdeinsatz gegen Panzer, Rußland 1942

Schwere Flak in der Heimat-Luftverteidigung 1943

Gliederung und Standorte der Flakartillerie
1935 — 1939

(Nach Aufzeichnungen von Oberst a. D. Jürgens, veröffentlicht in „Feldgrau" 1953/54)

1.) Aufstellungswelle: 1. 10. 1935

Inspekteur der Flakartillerie
im Reichsluftfahrtministerium (Gen.Maj. Rüdel) — Berlin

Flakartillerieschule (Obstlt. Haubold)	Rerik i. Mecklenb.
mit Flaklehrabteilung (Maj. Neuffer)	(Wustrow)
Höh.Kdr. d. Flakart. im Luftkreis I	Königsberg/Pr.
(Oberst Hirschhauer)	
I./Flak Rgt. 1 (Obstlt. Feyerabend)	Königsberg/Pr.
I./Flak Rgt. 11 (Maj. Eibenstein)	Königsberg/Pr.
II. (le.)/Flak Rgt. 11 (Obstlt. Odebrecht)	Königsberg/Pr.
Höh.Kdr. d. Flakart. im Luftkreis II	Berlin
(Oberst Weise)	
I./Flak Rgt. 2 (Maj. Rüter)	Stettin
I./Flak Rgt. 12 (Maj. Prellberg)	Berlin-Lankwitz
I./Flak Rgt. 22 (Maj. v. Renz)	Döberitz
II. (le.)/Flak Rgt. 22 (Obstlt. Spieß)	Brandenburg (Havel)
Höh.Kdr. d. Flakart. im Luftkreis III	Dresden
(Oberst Bogatsch)	
I./Flak Rgt. 3 (Maj. Richter)	Gotha
I./Flak Rgt. 10 (Obstlt. Bertram)	Dresden
I./Flak Rgt. 13 (Maj. Buffa)	Wurzen (Sachsen)
II. (le.)/Flak Rgt. 23 (Maj. Wagner)	Rudolstadt i. Thür.
Höh.Kdr. d. Flakart. im Luftkreis IV	Münster i. Westf.
(Oberst Lentzsch)	
I./Flak Rgt. 4 (Maj. Schuchardt)	Dortmund
I./Flak Rgt. 6 (Maj. v. Rantzau)	Hamburg-Altona
I./Flak Rgt. 7 (Maj. Burchardt)	Wolfenbüttel
I./Flak Rgt. 9 (Maj. Schulze)	Münster i. Westf.
Höh.Kdr. d. Flakart. im Luftkreis V	München
(Obstlt. Heilingbrunner)	
I./Flak Rgt. 5 (Maj. Veith)	München
I./Flak Rgt. 8 (Maj. Lichtenberger)	Fürth i. Bayern
I./Flak Rgt. 25 (Obstlt. Garke)	Ludwigsburg

2.) Veränderungen und Ergänzungen Rekruteneinstellung Okt. 1936:

a) **Luftkreis II:**

Neue schw. Abt.:	Berlin
II./Flak Rgt. 12	

b) **Luftkreis III:**

Neue Verbände:	
RSt./Flak Rgt. 3	Weimar
II./Flak Rgt. 3	Weimar
II./Flak Rgt. 13	Merseburg
I./Flak Rgt. 20	Breslau
RSt., I., II. (le.)/Flak Rgt. 26	Dessau-Kochstedt

c) **Luftkreis IV:**

Neue Verbände:	
RSt./Flak Rgt. 4	Dortmund
II. (le.)/Flak Rgt. 4	Dortmund
II./Flak Rgt. 9	Lippstadt i. W.
I./Flak Rgt. 18	Mannheim
I./Flak Rgt. 19	Köln
RSt./Flak Rgt. 24	Iserlohn
I./Flak Rgt. 24	Iserlohn
II./Flak Rgt. 24	Menden i. Westf.
RSt./Flak Rgt. 6	Hamburg-Altona
II. (le.)/Flak Rgt. 7	Wolfenbüttel

d) **Luftkreis V:**

Neue Verbände:	
II. (le.)/Flak Rgt. 5	München
RSt./Flak Rgt. 25	Ludwigsburg
II. (le.)/Flak Rgt. 25	Göppingen
I./Flak Rgt. 28	Kitzingen

e) **Flakkommandeur See:**	Kiel
Flak Abt. 31	Wismar i. Mecklenb.
Flak Abt. 32	Oldenburg i. O.

3.) Veränderungen und Ergänzungen Rekruteneinstellung Okt. 1937:

a) **Luftkreis I — Neue Verbände:**

Flakstammbatterie (wurde nach dem Westen verlegt)	Elbing

b) **Luftkreis II — Neue Verbände:**

Flak Rgt. „General Göring" RSt., I. (s.), II. (le.) Abt., III. (Wach) Batl. IV. (Fallschirm Schtz.) Batl.	Berlin

Anm.: Fallschirmschützenbataillon wird später zum Fallschirm-Jäger-Regiment 1 überführt.

RSt./Flak Lehr Regiment	Stettin
I./Flak L Rgt.	Stettin
II. (le.)/Flak L Rgt.	Fliegerhorst Tutow bei Demmin
III. (Sw.)/Flak L Rgt.	Stettin
I./Flak Rgt. 32	Berlin-Heiligensee

I./Flak Rgt. 2 wird gleichzeitig aufgelöst und zur Aufstellung des Flaklehrregiments verwandt. Die an der Flakartillerieschule auch weiterhin bestehende Lehrabteilung erhält die Bezeichnung „Flak Lehr- und Versuchsabteilung".

c) **Luftkreis III** — Neue Verbände:

Flakstammbatterie (Flak Rgt. 3)	Jena
RSt./Flak Rgt. 13	Leipzig
II. (le.)/Flak Rgt. 13	Leipzig
Flakstammbatterie (Flak Rgt. 10)	Chemnitz
Flakstammbatterie (Flak Rgt. 20)	Liegnitz
I./Flak Rgt. 33	Halle (Saale)
II. (le.)/Flak Rgt. 33	Halle (Saale)
I./Flak Rgt. 23 (aus II./13 - alt)	Merseburg
I./Flak Rgt. 43	Wittenberg (Elbe)
Flakstammbatterie (Flak Rgt. 43)	Bitterfeld

Aufgelöst und für Neuaufstellungen verwandt:
II. (le.)/Flak Rgt. 23 (Rudolstadt)

d) **Luftkreis IV** — Neue Verbände:

I./Flak Rgt. 14	Lüdenscheid i. Westf.
II. (le.)/Flak Rgt. 14	Bonn
RSt./Flak Rgt. 29	Frankfurt (Main)
I./Flak Rgt. 29	Frankfurt (Main)
Flakstammbatterie (Flak Rgt. 29)	Koblenz
Flakstammbatterie (Flak Rgt. 29)	Mainz
Flakstammbatterie (Flak Rgt. 29)	Kassel
I./Flak Rgt. 44	Essen
II. (le.)/Flak Rgt. 44	Essen
II. (le.)/Flak Rgt. 54	Duisburg
I./Flak Rgt. 64	Düsseldorf

Umbenennungen:

I./Flak Rgt. 34 (früher I./9)	Münster i. Westf.
I./Flak Rgt. 49 (früher I./18)	Mannheim
I./Flak Rgt. 74 (früher I./19)	Köln

Aufgelöst und für Neuaufstellungen verwandt:
II./Flak Rgt. 9 (Lippstadt i. Westf.)

Zum (neuen) Luftkreis VII (Braunschweig) abgegeben:

RSt., I./Flak Rgt. 6	Hamburg-Altona
I., II. (le.)/Flak Rgt. 7	Wolfenbüttel
RSt., I., II. (le.)/Flak Rgt. 26	Dessau-Kochstedt

e) **Luftkreis V** — Neue Verbände:

Flakstammbatterie (Flak Rgt. 5)	Augsburg
Flakstammbatterie (Flak Rgt. 8)	Regensburg
Flakstammbatterie (Flak Rgt. 28)	Friedrichshafen

f) **Flakkommandeur (VI) See**

Flak Abt. 31 wird I./Flak Rgt. 61	Wismar (Mecklenb.)
Flak Abt. 32 wird I./Flak Rgt. 62	Oldenburg i. O.

g) **Luftkreis VII** (neu gebildet)

Neue Kommandostellen und Verbände:

Höh.Kdr. der Flakart. im Luftkreis VII	Braunschweig
Es werden unterstellt:	
RSt., I./Flak Rgt. 6	Hamburg-Altona
I., II. (le.)/Flak Rgt. 7	Wolfenbüttel
RSt., I., II. (le.)/Flak Rgt. 26	Dessau-Kochstedt
Neuaufstellungen:	
II. (le.)/Flak Rgt. 6	Hamburg-Altona
I./Flak Rgt. 27	Bremen
Flakstammbatterie (Flak Rgt. 7)	Hannover
Flakstammbatterie (Flak Rgt. 26)	Aschersleben
Flakstammbatterie (Flak Rgt. 26)	Magdeburg

4.) Neugliederung und Erweiterung der Flakartillerie 30. 11. 1938:

Inspekteur der Flakartillerie (LIn 4) im RLM (Gen.Maj. Haubold)		Berlin
Flakartillerieschule (Obstlt. Reimann) mit Flak L.u.V. Abt. (Maj. Dr. Kretschmann)		Rerik (Mecklenb.)-Wustrow
Luftwaffenkommando „Ostpreußen" (Gen.Lt. Wimmer) (ab 1. 2. 1939)		Königsberg/Pr.
Luftgaukommando I (Gen.Lt. Lentzsch)		Königsberg/Pr.
I./Flak Rgt. 11 (Obstlt. Pirmann, sp. Maj. Nicolai)		Königsberg/Pr.
Flakstammbatterie (Oblt. Arndt)		Elbing (bis Apr. 39 Brüsterort)
II./Flak Rgt. 11 (Maj. Hesse)		Königsberg/Pr.
le. Flak Abt. 71 (Maj. Patschke)		Königsberg/Pr.
Luftwaffengruppenkommando 1 (Gen.d.Flg. Kesselring)		Berlin
Luftgaukommando III (Gen.Lt. Weise)		Berlin
Luftverteidigungskommando „Stettin" (2.) (Oberst Kolb)		Stettin
I./Flak Rgt. 51	(Maj. Krause)	Stettin
I./Flak Rgt. 61	(Hptm. von Minden)	Wismar (Mecklenb.)
RSt./Flak Lehr Rgt.	(Oberst Wagner)	Stralsund
I. (schw.)/Flak L. Rgt.	(Maj. Konopatzki)	Zingst
II. (le.)/Flak L. Rgt.	(Maj. Andersen)	Tutow bei Demmin
III. (Sw.)/Flak L. Rgt.	(Hptm. Stams)	Stettin
Luftverteidigungskommando „Berlin" (1.) (Oberst Hoffmann)		Berlin
RSt./Flak Rgt. „General Göring"	(Obstlt. v. Axthelm)	Berlin-Reinickendorf

I. (schw.)/1. RGG	(Hptm. Hullmann)	Berlin-Reinickendorf
III. (Sw.)/1. RGG	(Maj. v. Oppeln-Bronikowski)	Berlin-Reinickendorf
I. (le.)/2. RGG	(Maj. v. Hippel)	Velten (Mark)
II. (le.)/2. RGG	(Maj. Rüdel)	Berlin
Wach Batl./RGG	(Maj. Weber)	Berlin
RSt./Flak Rgt. 12	(Obstlt. Prellberg)	Berlin-Lankwitz
I./Flak Rgt. 12	(Obstlt. Hintz)	Berlin-Lankwitz
III. (Sw.)/Flak Rgt. 12	(Maj. Fichter)	Berlin-Lankwitz
I./Flak Rgt. 32	(Obstlt. Lukaseder)	Berlin-Heiligensee
Erg. Luftsperrbatterie		Bad Saarow (Mark)
RSt./Flak Rgt. 22	(Oberst Söldner)	Brandenburg (Havel)
I./Flak Rgt. 22	(Maj. Sachs)	Döberitz-Elsgrund
II./Flak Rgt. 22	(Oberst Bauer)	Brandenburg (Havel)
I./Flak Rgt. 52	(Maj. Rühle v. Lilienstern)	Magdeburg
Luftgaukommando IV (Oberst Bogatsch)		Dresden
Luftverteidigungskommando „Leipzig" (Oberst Feyerabend)		Leipzig
RSt./Flak Rgt. 3	(Oberst Buffa)	Weimar
I./Flak Rgt. 3	(Obstlt. Heinrich XXXVII. Prinz Reuß)	Gotha
Flakstammbatterie		Jena
II./Flak Rgt. 3	(Obstlt. Pavel)	Weimar
RSt./Flak Rgt. 13	(Obstlt. Luczny)	Leipzig
I./Flak Rgt. 13	(Maj. Ziethen)	Leipzig
II./Flak Rgt. 13	(Maj. Menge)	Merseburg
III. (Sw.)/Flak Rgt. 13	(Maj. de Lemos)	Wurzen i. Sa.
RSt./Flak Rgt. 33	(Oberst v. Renz)	Halle (Saale)
I./Flak Rgt. 33	(Maj. Halberstadt)	Halle (Saale)
Flakstammbatterie		Bitterfeld
II./Flak Rgt. 33	(Maj. Simon)	Halle (Saale)
RSt./Flak Rgt. 43	(Obstlt. v. Rantzau)	Dessau-Kochstedt
I./Flak Rgt. 43	(Obstlt. Schlange)	Wittenberg (Elbe)
II./Flak Rgt. 43	(Maj. Löhr)	Dessau-Kochstedt
III. (Sw.)/Flak Rgt. 43	(Maj. Freytag)	Dessau-Kochstedt
I./Flak Rgt. 23	(Maj. Schaller)	Dresden
Flakstammbatterie		Chemnitz
le. Flak Abt. 73	(Maj. Lasar)	Leipzig
Luftgaukommando VIII		Breslau
I./Flak Rgt. 7	(Obstlt. Frantz)	Breslau
Flakstammbatterie		Liegnitz
Luftwaffengruppenkommando 2 (Gen.d.Flg. Felmy)		Braunschweig
Luftgaukommando VI (Gen.Maj. Schmidt)		Münster i. Westf.
Luftverteidigungskommando „Düsseldorf" (4.) (Oberst Steudemann)		Düsseldorf
RSt./Flak Rgt. 4	(Oberst Bertram)	Dortmund

I./Flak Rgt. 4	(Maj. v. Grappow)	Dortmund
II./Flak Rgt. 4	(Maj. Schröder)	Münster i. W.
III. (Sw.)/Flak Rgt. 4	(Maj. Schmidt)	Dortmund
RSt./Flak Rgt. 14	(Obstlt. Neuffer)	Köln-Porz
I./Flak Rgt. 14	(Maj. Schmidt)	Lüdenscheid
II./Flak Rgt. 14	(Maj. Hinke)	Köln-Porz
III. (Sw.)/Flak Rgt. 14	(Obstlt. Schuchardt)	Duisburg
le. Flak Abt. 84	(Obstlt. Schörgi)	Bonn
RSt./Flak Rgt. 24	(Obstlt. v. Chaulin-Egersberg)	Iserlohn
I./Flak Rgt. 24	(Maj. Jürgens)	Iserlohn
Flakstammbatterie		Kassel
II./Flak Rgt. 24	(Maj. Vorbrugg)	Menden i. W.
III. (Sw.)/Flak Rgt. 44	(Maj. Köppen)	Lippstadt i. W.
RSt./Flak Rgt. 44	(Obstlt. Kreßmann)	Essen-Kray
I./Flak Rgt. 44	(Maj. Heckmanns)	Essen-Kray
I./Flak Rgt. 64	(Maj. Wolf)	Düsseldorf
Flakstammbatterie		Duisburg
III. (Sw.)/Flak Rgt. 64	(Maj. Brickwede)	Düsseldorf
le. Flak Abt. 74	(Maj. Cohrs)	Essen-Kupferdreh

Luftgaukommando XI — Hannover

Luftverteidigungskommando „Hamburg" (Gen.Maj. Sattler) — Hamburg

RSt./Flak Rgt. 6	(Oberst Spieß)	Hamburg-Altona
I./Flak Rgt. 6	(Maj. Hartmann)	Hamburg-Altona
III. (Sw.)/Flak Rgt. 6	(Maj. Bayer)	Rendsburg, vorl. Hamburg
le. Flak Abt. 76	(Maj. v. Kistowski)	Hamburg-Altona
RSt./Flak Rgt. 26	(Obstlt. v. Witzendorff)	Bremen
I./Flak Rgt. 26	(Maj. Hiller)	Bremen
II./Flak Rgt. 26	(Maj. Silber)	Oldenburg i. O.
III. (Sw.)/Flak Rgt. 26	(Maj. Pregler)	Bremen
RSt./Flak Rgt. 36	(Obstlt. Römer)	Wolfenbüttel
I./Flak Rgt. 36	(Maj. v. Alten)	Wolfenbüttel
Flakstammbatterie		Aschersleben
Flakstammbatterie		Hannover
III. (Sw.)/Flak Rgt. 36	(Maj. Martin)	Wolfenbüttel

Luftwaffengruppenkommando 3 (Gen.d.Flg. Sperrle) — München

Luftgaukommando VII (Gen.Maj. Zenetti) — München

RSt./Flak Rgt. 5	(Obstlt. Lichtenberger)	München
I./Flak Rgt. 5	(Maj. Dr. Rudhard)	München
Flakstammbatterie		Augsburg
III. (Sw.)/Flak Rgt. 5	(Maj. Wolz)	München
le. Flak Abt. 75	(Maj. Schulz)	München
I./Flak Rgt. 25	(Obstlt. Schulze)	Ludwigsburg
Flakstammbatterie		Friedrichshafen
le. Flak Abt. 85	(Maj. Krämer)	Göppingen

Luftgaukommando XII (Oberst Heilingbrunner)		Wiesbaden
RSt./Flak Rgt. 29	(Oberst Rüter)	Frankfurt (Main)
I./Flak Rgt. 29	(Maj. van Koolwijk)	Frankfurt (Main)
Flakstammbatterie		Koblenz
III. (Sw.(/Flak Rgt. 29	(Maj. Müller)	Frankfurt (Main)
I./Flak Rgt. 49	(Oberst Schreder)	Mannheim
Flakstammbatterie		Mainz
Luftgaukommando XIII	(Oberst Musshoff)	Nürnberg
RSt./Flak Rgt. 9	(Oberst Menzel)	Nürnberg
I./Flak Rgt. 9	(Maj. Nieper)	Fürth
Flakstammbatterie		Regensburg
III. (Sw.)/Flak Rgt. 9	(Maj. Herrmann)	Regensburg
I./Flak Rgt. 19	(Obstlt. Menne)	Kitzingen
Luftwaffenkommando „Österreich" (Gen.Lt. Löhr) (später „Ostmark")		Wien
Luftgaukommando XVII (Gen.Lt. Hirschauer)		Wien
RSt./Flak Rgt. 8	(Oberst Odebrecht)	Wien
I./Flak Rgt. 8	(Maj. Köster)	Wien-Stammersdorf
III. (Sw.)/Flak Rgt. 8	(Hptm. Lindenberg)	Wien
I./Flak Rgt. 18	(Maj. Kaiser)	Wiener Neustadt
le. Flak Abt. 91	(Maj. Krziwanek)	Wien-Kagran
le. Flak Abt. 92	(Maj. Dr. Wucherer)	Wiener Neustadt
RSt./Flak Rgt. 38	(Obstlt. Dimmel)	Linz (Donau)
I./Flak Rgt. 38	(Maj. v. Gyldenfeld)	Linz (Donau)
II./Flak Rgt. 38	(Maj. v. Daehne)	Steyr
le. Flak Abt. 93	(Maj. Dr. Pfeffer)	Linz (Donau)
le. Flak Abt. 94	(Obstlt. Anton)	Krems (Donau)
Kdo. der Luftverteidigungszone „West" (Gen.Lt. Kitzinger)		Berlin, sp. Wiesbaden
Höh. Kdr. der Festungsflakartillerie III (Oberst Dr. Weißmann)		Frankfurt (Main)
Flak Erkundungsstab „Eifel" (Obstlt. Gerlach)		Bonn
Flak Erkundungsstab „Schwarzwald" (Oberst Veith)		Stuttgart
Fest. Flak Abt. 31	(Maj. Herbert)	Traben-Trarbach
Fest. Flak Abt. 32	(Maj. Grieshammer)	St. Wendel (Saar)
Fest. Flak Abt. 33	(Maj. Wäntig)	Kaiserslautern
Fest. Flak Abt. 34	(Maj. Erdmann)	Speyer
Fest. Flak Abt. 35	(Maj. Bachus)	Bruchsal (Baden)

5.) Weitere Umorganisation der Flakartillerie Frühjahr und Sommer 1939:

Vorbemerkung: Im Frühjahr 1939 wurde für den Bereich der Luftwaffe nochmals eine Umorganisation befohlen. Gleichzeitig und im Laufe des Sommers 1939 wurden einige der erst für den Herbst 1939 vorgesehenen Aufstellungen von neuen friedensmäßigen Verbänden, teilweise bereits mob.-mäßig, vorweggenommen. Hierfür wurden Personalabgaben von den im November 1938 über Etat mit Rekruten aufgefüllten bestehenden Einheiten, neue Rekruten (Ostmark und Sudetenland), ebenso aber auch die bei der aufgelösten „Legion Condor“ freigewordenen Offiziere, Unteroffiziere und Mannschaften verwandt.

Neue und vorgesehene Verbände und Kommandobehörden:

Flakartillerieschule II (le. Flak) mit eigener le. Lehr- und Versuchsabteilung	Rerik-Ost, später Bonn
Luftflottenkommando 1 (fr. Lw.Gruppe 1) (Kesselring)	Berlin
Luftwaffenkommando „Ostpreußen“ (ab 1. 2. 1939 - Wimmer)	Königsberg/Pr.
Luftgaukommando I	Königsberg/Pr.
RSt./Flak Rgt. 11	Königsberg-Hardersdorf
III. (Sw.)/Flak Rgt. 11 (geplant-Kasernen in Bau)	Königsberg-Hardersdorf
I./Flak Rgt. 21 (geplant) vorges. 2./21 wurde Juni 1939 aus I./11 aufgestellt.	Elbing
Luftgaukommando III	Berlin
RSt., II./Flak Rgt. 32 (geplant)	Berlin-Heiligensee
Erg. Luftsperr Bttr. Bad Saarow wurde zur Erg. Luftsperr Lehr- und Versuchs-Abt. ausgebaut.	
Luftgaukommando IV (Mayer)	Dresden
(im Kriege mit LgK III vereinigt)	
II./Flak Rgt. 13 (Merseburg) wird I./Flak Rgt. 41	(Zeitpunkt?)
RSt., II./Flak Rgt. 23 (im Aufbau)	Komotau
III. (Sw.)/Flak Rgt. 23 (im Aufbau)	Aussig
s. Flakstamm Bttr. (Flak Rgt. 3)	Erfurt
le. Flak Abt. 86	Weimar-Nohra
Luftgaukommando VIII tritt zur Luftflotte 4	Breslau (später Prag)
Luftflottenkommando 2 (Felmy)	Braunschweig
Luftgaukommando VI (Schmidt)	Münster i. W.
Luftverteidigungskommando „Münster“	Münster i. W.
RSt./Flak Rgt. 64 (geplant)	Düsseldorf
Luftgaukommando XI	Hamburg (vorh. Hannover)
III. (Sw.)/Flak Rgt. 6	Rendsburg
Luftflottenkommando 3 (Sperrle)	München
Luftgaukommando VII (Zenetti)	München
II./Flak Rgt. 5 (geplant aus Flak Stamm Bttr.)	Augsburg
RSt./Flak Rgt. 25	Ludwigsburg
II./Flak Rgt. 25 (geplant)	Göppingen
Luftgaukommando XII	Wiesbaden
II./Flak Rgt. 29 (geplant aus Flak Stamm Bttr.)	Koblenz
RSt./Flak Rgt. 49 (geplant)	Mannheim
II./Flak Rgt. 49 (geplant aus Flak Stamm Bttr.) (Kasernen in Bau)	Mainz

Luftgaukommando XIII	Nürnberg-Fürth
(im Kriege mit LgK. XII vereinigt)	
Flak Rgt. 9 erhält den Traditionsnamen „Legion Condor"	
II./Flak Rgt. 9 (geplant aus Flak Stamm Bttr.)	Regensburg-Obertraubling
le. Flak Abt. 83	Ansbach
RSt., II./Flak Rgt. 28 (geplant)	Würzburg
Luftflottenkommando 4 (Löhr)	Wien
12. 3. 1938 — 31. 7. 1938	
Kdr.Gen.d.Lw. in Österreich (Wolff/Löhr)	
31. 7. 1938 — 17. 3. 1939	
Lw.Kdo. Österreich/Ostmark (Löhr)	
ab 18. 3. 1939 Luftflotte 4	
Luftgaukommando VIII (ab 18. 3. 39 von Luftflotte 1)	Breslau
I./Flak Rgt. 37 (im Aufbau)	Mähr.-Ostrau
s. Flak Stamm Bttr.	Gleiwitz
le. Flak Abt. 77 (März 1939)	Mähr.-Trübau, Hohenstadt
le. Flak Abt. 94 (aus LgK. XVII)	Mähr.-Schönberg
Luftgaukommando XVII	Wien
Luftverteidigungskommando „Wien" (9.)	Wien
RSt./Flak Rgt. 8	Wien-Stammersdorf
I./Flak Rgt. 8	Wien-Stammersdorf
II./Flak Rgt. 8 (geplant)	Wien-Kagran
III./(Sw.)/Flak Rgt. 8	Baden bei Wien
Flakstamm Bttr.	Wels
Flakstamm Bttr.	Graz
Höh. Kdr. der Festungsflakartillerie III	Frankfurt (Main)
Fest.Flak Abt. 31	Trier, Merzig
Fest.Flak Abt. 32	St. Wendel (Saar) Idar-Oberstein St. Ingbert
Fest.Flak Abt. 33	Kaiserslautern Landau/Pfalz Kusel
Fest.Flak Abt. 34	Speyer Schifferstadt Germersheim
Fest.Flak Abt. 35	Bruchsal Karlsruhe-Durlach
Kdr. der Luftverteidigungszone Slowakei	
(mit Lw. Üb. Pl. Malacky — Kleine Karpathen)	

Verzeichnis der Flakartillerieschießplätze 1939/40

Brüsterort (Samland)
Stolpmünde
Deep bei Kolberg
Nest i. Pom.
Darss i. Pom.
Oldenburg i. H.-Putlos
Ahrbrück (erst im Kriege eingerichtet)
Rust am Neusiedler See (Ostmark)
Büsum (erst im Kriege eingerichtet).

Auf den Flakschießplätzen waren u. a. auch Teilkommandos der sogenannten „Luftdienstkommandos" stationiert. Hierin war ziviles fliegendes Personal für die Zieldarstellung zur Flakausbildung zusammengefaßt, das alte Baumuster, wie z. B. W 34 und He 51, flog.

Gliederung und Standorte der M.G.-Bataillone des Heeres 1939

Die M.G.-Bataillone wurden in der Flugabwehr ausgebildet. Teilweise waren sie bereits mit 2 cm Flak 38 ausgerüstet.

M.G. Batl. 1	(Obstlt. André)	Euskirchen
M.G. Batl. 2	(Obstlt. Hoppe)	Gerolstein (Eifel) vorl. Saarburg (Bz. Trier)
M.G. Batl. 3	(Obstlt. Lindner)	Bitburg (Bz. Trier)
M.G. Batl. 4	(Oberst Oppenländer)	Müllheim (Baden)
M.G. Batl. 5	(Obstlt. Ronicke)	Offenburg/Baden (St.,2.-4.) Kehl (1.)
M.G. Batl. 6	(Obstlt. Adlhoch)	Coburg
M.G. Batl. 7	(Obstlt. Frhr. v. Falkenstein)	Dresden
M.G. Batl. 8	(Oberst Gräser)	Züllichau
M.G. Batl. 9	(Maj. Erdmann)	Heiligenbeil
M.G. Batl. 10	(Obstlt. Kohler)	Landau (Pfalz) vorl. Pirmasens
M.G. Batl. 11	(Obstlt. Wittkopf)	Lahr (Baden)
M.G. Batl. 13	(Obstlt. Schaller)	Saarlautern
M.G. Batl. 14	(Obstlt. Gieseler)	Saarbrücken
M.G. Batl. 15	(Obstlt. Schack)	Namslau vorl. Brieg
M.G. Batl. 31	(Obstlt. Hauschulz)	Königsberg/Pr. vorl. Tapiau
M.G. Batl. 46	(Obstlt. Hipp)	Dortmund vorl. Münster i. W.
M.G. Batl. 47	(Obstlt. Klüg)	Ansbach, vorl. Würzburg
M.G. Batl. 48	(Obstlt. Oetken)	Liegnitz

M.G. Batl. 52	(Maj. Deckert)	Bremen vorl. TrÜbPl. Munster
M.G. Batl. 55	(Maj. Lindner)	Biberach (Riss) vorl. Horb (Neckar)
M.G. Batl. 59	(Obstlt. Reichert)	Gotha, vorl. Kassel
M.G. Batl. 66	(Maj. Hemberger)	Mainz, vorl. Wackernheim
Truppenluftschutzschule	(Maj. v. d. Mosel)	TrÜbPl. Altwarp vorl. TrÜbPl. Döberitz

Quelle: H. H. Podzun DAS DEUTSCHE HEER 1939

Stammformationen der Marine-Flakartillerie Sommer 1939

(Stellenbesetzung nach dem Stande vom 1. 11. 1938)

Inspektion der Marineartillerie (A.J.) (Insp.: K.Adm. Graßmann Chef des Stabes: Kapt. z. S. Fricke, Otto)	Kiel
Marineflugabwehr- und Küstenartillerieschule Stabszug	Swinemünde (früher Wilhelmshaven)
Marineflugabwehrschule	Swinemünde
Lehrgruppe: Flakausbildung (K.Kapt. Böhme, Friedrich)	
Lehrgruppe: Flak-Reserveausbildung (K.Kapt. (E) Frhr. von Wieser)	
Lehrgruppe: Fla-Maschinenwaffenausbildung (Kaptlt. Albrecht, Friedrich)	
Lehrgruppe: Fla-Horch- und Scheinwerferausbildung (K.Kapt. Gebauer)	Cuxhaven-Nordholz
Küstenverteidigung **im Bereich der Marinestation der Ostsee**	
Kdtr. der Befestigungen der westlichen Ostsee (Komdt.: K.Adm. Mewis)	Kiel
I. M.A.A. (Kdr.: F.Kapt. Wiarda)	Kiel
Flugmeldeabteilung „Westliche Ostsee" (Kdr.: K.Kapt. (E) Graf Beissel von Gymnich)	Kiel
Kdtr. der Befestigungen der pommerschen Küste (Komdt.: K.Adm. von Seebach)	Swinemünde
III. M.A.A. (Kdr.: F.Kapt. Mollmann)	Swinemünde
Flugmeldeabteilung „Pommernküste" (Kdr.: F.Kapt. (E) Rabe)	Swinemünde

Festungskommandantur	Pillau
— später Kdtr. d. Bef. d. östl. Ostsee — (Komdt.: Kapt. z. S. Fleischer)	
V. M.A.A. (Kdr.: F.Kapt Matthies, Wilhelm)	Pillau
Flugmeldeabteilung Pillau (Kdr.: K.Kapt (E) Dr. Meyer-Pantin)	Pillau
Ab April 1939 außerdem:	
Festungskommandantur	Memel
VII. M.A.A.	Memel
Ab Oktober 1939:	
Festungskommandantur	Gotenhafen
IX. M.A.A.	Gotenhafen
Flugmeldeabteilung „Danziger Bucht"	Gotenhafen

Küstenverteidigung
im Bereich der Marinestation der Nordsee

Kdtr. der Befestigungen von Ostfriesland (Komdt.: K.Adm. Fanger)	Wilhelmshaven
II. M.A.A. (Kdr.: F.Kapt. Steinbach)	Wilhelmshaven zugleich für Wangeroog
VI. M.A.A. (Kdr.: F.Kapt. Stichling)	Emden (St., 1., 3.) Borkum (2.)
Flugmeldeabteilung „Ostfriesland" (Kdr.: K.Kapt. (E) Terfloth)	Wilhelmshaven
Kdtr. der Befestigungen von Nordfriesland (Komdt.: Kapt.z.S. von Stosch)	
IV. M.A.A. (Kdr.: K.Kapt. Zollenkopf)	Cuxhaven zugleich für Sylt und Helgoland
Flugmeldeabteilung „Nordfriesland" (Kdr.: K.Kapt. (E) Lohmann)	Cuxhaven

Die Marineartillerieabteilungen bestanden einheitlich aus dem Stab, bei dem sich u. a. auch ein Kraftfahroffizier befand, der 1. (schw. Art.) Komp. und der 2. und 3. (Fla.-Komp.).

Kriegsgliederung I. und II. Flakkorps im Westen 1940

Gen. Kdo. I. Flakkorps (Kom. General: Gen.d.Flakart. Hubert Weise (Chef des Stabes: Oberst i. G. Schwabedissen, ab Juni 1940 Oberst i. G. Pickert)

Flak-Brigade 1 (Stab ab 1. 6. 1940): Oberst v. Axthelm

RSt/Flak Rgt. 102 (Obstlt. v. Hippel)	**RSt/Flak Rgt. 103** (Oberst Conrath) (Rgt. General Göring) (nur vom 1. — 14. 6. 1940)
I./Flak Rgt. 18	I./RGG (Maj. Hullmann)
I./Flak Rgt. 38	I./Flak Rgt. 7 (Maj. Wachtel)
II./Flak Rgt. 38	II./Flak Rgt. 43
le. Flak Abt. 91	IV. (le.)/RGG

Flak-Brigade 2 (Stab ab 1. 6. 1940): Oberst Kressmann

RSt/Flak Rg. 101 (Oberst Hintz)
I./Flak Rgt. 12
I./Flak Rgt. 22
I./Flak Rgt. 51
le. Flak Abt. 85
III. (Sw.)/RGG

RSt/Flak Rgt. 104 (Oberst Buffa)
I./Flak Rgt. 8
(10.—18. 5.; 1. 6.—24. 6. 1940)
I./Flak Rgt. 11 (Maj. Nicolai)
II./Flak Rgt. 11
le. Flak Abt. 75
III. (Sw.)/Flak Rgt. „Legion Condor"9

Außerdem zeitweilig taktisch unterstellt:
I./Flak Rgt. 36
II. (le.)/Flak Lehr Rgt.
le. Flak Abt. 71, 83 und 92

Luftnachrichtenregiment 101 (Oberst Schützek)

Korpsnachschubführer I (Gen.Maj. v. Mackensen)

Fliegerstaffel (Verbindungsdienst)

Gen. Kdo. II. Flakkorps
(Kom.General: Gen.Lt. Otto Deßloch)

RSt/Flak Rgt. 6
(nur vom 12. — 18. 5. 1940)
I./Flak Rgt. 141
II./Flak Rgt. 441
le. Flak Abt. 741
le. Flak Abt. 841

RSt/Flak Rgt. 103
(nur vom 10.—31. 5. und vom 15.—23. 6. 1940)
Gliederung siehe I. Flakkorps
außerdem
II. (le.)/RGG

RSt/Flak Rgt. 201 (Oberst Römer)
I./Flak Rgt. 6 (Maj. Hartmann)
II./Flak Rgt. 26
I./Flak Rgt. 64 (Obstlt. Wolf)
le. Flak Abt. 73

RSt/Flak Rgt. 202 (Oberst Schilffahrt)
I./Flak Rgt. 23
I./Flak Rgt. 37
I./Flak Rgt. 61
I./Flak Rgt. 8
(nur 19. 5.—31. 5. 1940)
le. Flak Abt. 74

Siebelfähre bei der Räumung der Krim 1944

Kriegsgliederung einer Flakdivision (mot.)

Kdo./9. Flakdivision (mot.) (untergegangen in Stalingrad 3. 2. 1943, später erneut aufgestellt).
Kdr.: Gen.Lt. Pickert; Ia: Maj. i. G. Haizmann †
Auftrag: Zusammenarbeit mit der 6. Armee im Angriff zur Wolga.

Luftnachr. Abt. 129
RSt./Flak Rgt. 91 (mot.) (Oberst Krause †)
I./Flak Rgt. 9 „Legion Condor" (mot. gl.)
I./Flak Rgt. 241 (mot. gl.)
le. Flak Abt. 77 (mot. s.)
le. Flak Abt. 774 mit Flak Trsp.Bttr. 62/VII
RSt./Flak Rgt. 104 (mot.) (Oberst Rosenberg)
I./Flak Rgt. 12 (mot. gl.)
I./Flak Rgt. 37 (mot. gl.)
le. Flak Abt. 91 (mot. s.)
le. Flak Abt. 775 mit Flak Transport Bttr. 38/XI

Während des Angriffs zugeführt:

RSt./Flak Rgt. 37 (mot.) (Oberst Wolff)
I./Flak Rgt. 8, I./Flak Rgt. 49, le. Flak Abt. 851, III./FAS

Insgesamt: 18 schw. und 30 le. Flakbatterien, Versorgungstruppen

Kriegsgliederung einer Flakbrigade (v) im Heimatgebiet

Kdo./21. Flakbrigade (v) (Frühjahr 1943)
Auftrag: Abwehr von Luftangriffen auf Schutzobjekte im Bereich des früheren LgKdos. XIII.

Luftnachr. Abteilung

Flakgruppe Nürnberg
(Stab/Flak Rgt. 93) mit
6 schw. Flak Abt.
2 le. Flak Abt.
1 Flak Transport Bttr.

Flakgruppe Schweinfurt
(Stab/Flak Rgt. 179) mit
6 schw. Flak Abt.
1 le. Flak Abt.
1 Nebel Komp.

Flakgruppe Regensburg
(Stab/Flak Rgt. 71) mit
3 schw. Flak Abt.
1 le. Flak Abt.

Stab/Flak Scheinwerfer Rgt. 199
mit 3 Flak Sw. Abt.

Insgesamt: 65 schw., 40 leichte Flakbatterien
15 Sw. Batterien
1 Nebelkompanie
1 Flak Transport Batterie.

Bezeichnend für die inzwischen eingetretene Verschärfung der Luftkriegslage über dem Reichsgebiet ist die Gegenüberstellung der Flakkräfte zum Schutz der kriegswichtigen Kugellagerfabriken in Schweinfurt im Mai 1940. Damals standen der Flakuntergruppe Schweinfurt des Flugabwehrkommandos Main nur die Res. Flak Abt. 192, Sperrfeuer-Bttr. 1/XIII und Res. Flak Scheinwerfer Abt. 909 (Maj. N o r d) zur Verfügung.

Kriegsgliederung einer Flakgruppe im Heimatgebiet

Flakgruppe Nürnberg (Stab/Flak Rgt. 93) (August 1942)

RSt. und Nachr. Zug./Flak Rgt. 93
Flakmeßzug 73 (mot.)
schw. Flak Abt. 166
schw. Flak Abt. 522 (mot.)
schw. Flak Abt. 903
le. Flak Abt. 951 (mot.)
le. Flak Abt. 953
Flak Sw. Abt. 198
Flak Sw. Abt. 453
Flak Sw. Abt. 908

Insgesamt: 14 schw. Flakbatterien
9 le. Flakbatterien
11 Flak Sw. Batterien
2 Flaktransportbatterien.

Übersicht über die im Kriege eingesetzten Flakbatterien (Lw.) 1939 — 1944

Jahr	s. Battr.	le./m. Battr.	Sw. Battr.
1939	650	560	190
1940	791	686	
1941	967	752	
1942	1148	892	
1943	2132	1460	
1944	2655	1612	

Nach Aufzeichnungen von Gen.Lt. Herhudt v. Rohden (†)

Bewaffnung der am 1. 9. 1944 eingesetzten Flakbatterien der Luftwaffe

1. Leichte und mittlere Flak:

Klassifizierung	2 cm	2 cm Vierl.	3,7 cm 36/37	3,7 cm 43	Total
mot.	153	—	29	—	182
tmot.	21	2	7	1	31
sfl.	40	3	21	2	66
v.	351	21	129	9	510
o.	270	66	106	10	452
Eisb.	3	10	10	—	23
Eisb. Trsp.Sch.	47	—	—	—	47
	885	102	302	22	1311

2. Schwere Flak:

Klassifizierung	8,8 cm 18/36/37	8,8 cm 41	10,5 cm	12,8 cm	12,8 cm Zwilling	Total
mot.	225	2	—	1	—	228
tmot.	31	4	9	—	—	44
sfl.	4	—	—	—	—	4
v.	545	18	46	3	—	612
o.	821	7	297	44	6	1175
Eisb.	18	—	41	48	—	107
	1644	31	393	96	6	2170

(Nach Zusammenstellungen des GenSt.d.Lw.-Generalquartiermeister).

Gliederung, Stärken und Ausrüstung der mot. Flakartillerie der Luftwaffe im Felde

a) Flakdivision (mot.):

Divisionskommando
3—4 Flakregimenter (mot.) mit 3—4 gem. und le. Abt.
le. Flakabteilungen (mot. gl. oder mot. s.)
1 Luftnachrichtenabteilung (Div. Nr. plus 120)
1 Fliegerstaffel (Kurierstaffel) (nicht immer vorhanden)
Divisionsnachschubführer
  Kolonnenabteilung
  Instandsetzungsdienste
Sanitätskompanie

Beim Div.Kdo. oder bei den Rgt.Stäben waren außerdem 1 oder mehrere Vo-Meßtrupps und Flakauswertezüge vorhanden.

b) Stab/Flakregiment (mot.):

9 Offiziere und Beamte (3)
34 Unteroffiziere
123 Mann
140 Karabiner
20 Pistolen
10 Masch.-Pistolen
2 l.M.G.
25 Kraftfahrzeuge
5 Kräder

c) Gemischte Flakabteilung (mot. gl.):

	Stab Nachr.Zg.	1.-3. Bttr. (8,8 cm) je	4., 5. Bttr. (2 cm) je	schw. Flak Kol.	Total
Offiziere	4	4	6	2	30
Beamte	2				2
Uffz.	31	53	65	10	330
Mannsch.	93	110	139	56	757
	130	167	210	68	1119

Karabiner	74	149	151	65	888
Pistolen	41	12	51	3	182
Masch.-Pistolen	19	10	14	1	78
l.M.G.	1	2	2	2	13
2 cm Flak		4	9		30
2 cm Flak Vierling			3		6
8,8 cm Flak		4			12
60 cm Scheinwerfer			4		8
Kraftfahrzeuge	28	36	58	28	280
Kräder	11	3	5	2	32

Anmerkung: Einzelne Abteilungen besaßen eine 6. (le.) Bttr. Ferner gab es Abteilungen, bei denen eine le. Bttr. mit 3,7 cm Flak oder mit 2 cm Flakvierlingen ausgerüstet war. Gliederung und Ausrüstung solcherart ausgerüsteter Batterien ist der Aufstellung über die le. Abt. zu entnehmen.

d) le. Flakabteilung (mot. s. oder mot. gl.):

	Stab Nachr.Zg.	1. 2. Bttr. (2 cm)	3. Bttr. (3,7 cm) (?)	le. Flak Kol.	Total	Bttr. 2 cm Flak Vierlg.
Offiziere	3	6	6	1	22	7
Beamte	2				2	
Uffz.	26	65	65	6	227	73
Mann	81	139	139	51	549	151
	112	210	210	58	800	231
Karabiner	62	151	151	56	571	163
Pistolen	36	51	51	2	191	59
Masch.-Pistolen	18	14	14	1	61	15
l.M.G.	1	2	2		7	4
2 cm Flak		9			18	
2 cm Flak Vierling		3			6	12
3,7 cm Flak			9		9	
60 cm Scheinwerfer		4	4		12	4
Kraftfahrzeuge	23	58	58	23	220	59
Kräder	8	5	6	2	26	6

Anmerkung: Im Normalfall hatten die le. Flak Abt. je 3 2 cm oder 3,7 cm Bttr. Es gab aber auch Abt. mit 4 Bttr. Ferner besaßen einzelne Abt. an Stelle von je 1 2 cm Bttr. solche, die mit 3,7 cm Flak oder mit 2 cm Flak Vierlingen ausgerüstet waren.

e) **Flakscheinwerferabteilung (mot. z.):**

	Stab Nachr. Zug	1.-3. Bttr.	Total
Offiziere	4	3	13
Beamte	2		2
Uffz.	20	25	95
Mann	90	180	630
	116	208	740
l.M.G.	1	2	7
150 cm Scheinwerfer		8	24
200 cm Scheinwerfer		1	3
Kraftfahrzeuge	25	50	175
Anhänger	5	20	65
Kräder	6	5	21

Anmerkung: Einzelne Abt. besaßen eine 4. Bttr. mit gleicher Gliederung.

Übersicht über die kriegsgliederungsmäßige Ausstattung der Frontdivisionen mit Flakwaffen

	2 cm Flak	2 cm Flak Vierlg.	3,7 cm Flak	8,8 cm Flak
a) Heer:				
Inf.Div. alter Art (1939)	(12)	—	—	—
Inf.Div. Kriegsetat 1944	12 (sf)	—	—	—
Inf.Div. neuer Art (1944)	12 (sf)	—	—	—
Jäger Div.	12	—	—	—
Volksgrenadier Div.	—	—	9	—
Gebirgsdivision	12 (sf)	—	—	—
Panzer Gren.Div.	63	3 (sf)	—	8
Panzer Div.	45 29 (sf)	6 (sf)	8	8
b) Luftwaffe — Erdkampfverbände:				
Fallschirm Div.	27	12	—	12
Lw. Feld Div.	39	—	—	12
c) Waffen-SS:				
Waffen Gren.Div. (Inf.Div).	18 12 (sf)	—	—	12
SS-Panz.Gren.Div.	113 (dav. 36 sf)	3 (sf)	—	12
SS-Gebirgs Div.	30 (dav. 12 sf)	—	—	12
SS-Panzer Div.	120 (dav. 40 sf)	6 (sf)	8	12

Anlage 19

Übersicht über die innerhalb der Divisionen kriegsgliederungsmäßig vorhandenen Flak-Einheiten

(außer H-Flak-Abt. bei Pz.Gren. und Pz.Div.)

	Offz. Beamte	Uffz.	Mann	Flak	Kfze.	Kräder	Anhänger
1. Heer							
a) Inf.Div. Kriegsetat 44 3. (Fla.)/Pz.Jg.Abt. (mot. s. oder mot. gl.)	2	34	113	12 2 cm	24	6	6
b) Inf.Div. n. A. 44 2. (Fla.)/Pz.Jg.Abt. (mot. s. oder mot. gl.)		wie bei 1. a)					
c) Volks Gren.Div. (Inf.Div. 45) 3. (Fla.)/Pz.Jg.Abt.) (mot. gl.)	2	34	113	9 3,7 cm	19	5	5
d) Gebirgsdiv. 3. (Fla.)/Pz.Jg.Abt (mot. s. oder mot. gl.)	2	34	113	12 2 cm	24	6	6
e) Pz.Gren.Div. Fla.Zug b. d. Stabskomp. der Panzer Abt. (mot. s.)	1	4	35	3 2 cm Flakvierling	4	1	
Je 1 Fla.Zug bei den schw. Komp. der 6 Pz.Gren.Batle. (mot.) 6 Züge je	1	7	32	6 2 cm	8	1	
Je 1 Fla.Zug bei den Stabs-Bttr. der 3 Abt. des Pz.A.R. 3 Züge je				3 2 cm			
d) Pz.Div. Fla.Zug bei Div.Stabs-Komp. (mot. s.)				4 2 cm			
3,7 cm Flak Zug (mot. s.) bei Stab des Pz.Rgt.	1	27	49	8 3,7 cm	7	2	
je 1 Fla. Zug b. d. Stabskomp. der 2 Pz.Abt. (mot. s.) 2 Züge je	1	4	35	3 2 cm Flakvierling	4	1	

	Offz. Beamte	Uffz.	Mann	Flak	Kfze.	Kräder	Anhänger
Fla.Züge b. d. 3 Gren.Komp. des Pz.Gren.Batl. (gp) (mot. s.) 3 Züge je	1	6	20	6 2 cm	5		
Je 1 Fla.-Zug b. d. schw. Kp. der 3 Pz.Gren.Batl. (mot.) 3 Züge je	1	7	32	6 2 cm	8		1
Fla.Züge bei den Stabsbttr. der 3 Abt. des Pz.A.R. 3 Züge je				3 2 cm			
bei der Rgt.Pi.Komp. des Pz.Gren.R. (gp)				1 2 cm			
2. Luftwaffe							
a) Fallschirm Div.							
3. (Fla.)/Pz.Jg.Abt. (mot. s. oder mot. gl.)				12 2 cm			
Fla.Züge bei den Stabsbttr. der 3 Abt. des Falllschirm A.R. 3 Züge je				3 2 cm			
Fallschirm Flak Abt. (ähnlich Flak Abt. der Waffen-SS)				18 2 cm	12		
b) Luftwaffen Felddiv.	Ähnlich der Ausstattung der Fallschirm-Div.						
c) Fliegende Verbände	Bei den Horst- und Stabskompanien der Fliegergruppen aller Art waren 2 cm Flak-Züge zum Schutz der Feldflughäfen gegen Tiefangriffe vorhanden.						
3. Waffen-SS							
a) Waffen-Gren. Div. (Inf.Div.)	Ausstattung wie Inf.Div. Kriegsetat 1944. Dazu im allgemeinen noch eine SS-Flak Abt.						
b) SS-Gebirgsdivision	Ausstattung wie Geb.Div. (Heer). Dazu im allgemeinen noch eine SS-Flak-Abt.						
c) SS-Pz.Gren.Div.							
Fla.Zug b. d. Stabskomp. der Pz.Abt. (mot. s.)	1	4	35	3 2 cm Flakvierling	4	1	
Fla. Züge (mot. s.) bei den Gren.Komp. d. SS-Pz.Gren.R. (gp); Soll : je 1 Btl. (gp) beim Rgt. 6 Züge je	1	6	20	6 2 cm	5		
Fla.Züge bei den schw. Komp. der 4 Pz.Gren.Btle. (mot). 4 Züge	1	7	32	6 2 cm	8	1	

	Offz. Beamte	Uffz.	Mann	Flak	Kfze.	Kräder	Anhänger
Rgt.Fla.Komp. der beiden Pz.Gren.Rgt. je	2	14	64	12 2 cm	16	2	
b.d. Rgt.Pi.Komp. der 2 Pz.Gren.Rgt. je				1 2 cm			
Fla.Züge b. d. Stabsbttr. der 3 Abt. des SS-Pz.A.R. 3 Züge je				3 2 cm			
SS-Flak Abt.	Gliederung siehe besondere Anlage						
d) SS-Pz.Div.							
Fla.Zug b. d. Div.Stabskomp. (mot. s.)				4 2 cm			
Flak Zug beim Stab/SS-Pz.Rgt.	1	27	49	8 3,7 cm	7	2	
Fla.Züge b. d. Stabskomp. der 2 Pz.Abt. 2 Züge (mot. s.) je	1	4	35	3 2 cm Flakvierling	4	1	
Fla.Züge (mot. s.) b. d. Gren.Komp. der SS-Pz.Gren.Rgt. (Batle. gp.) 6 Züge je	1	6	20	6 2 cm	5		
Fla.Züge b. d. schw. Komp. der 4 Pz.Gren.Batle. (mot.) 4 Züge je	1	7	32	6 2 cm	8	1	
Rgt. Fla.Komp. der 2 Pz.Gren.Rgt. je	2	14	64	12 2 cm	16	2	
b. d. Rgt.Pi.Komp. der 2 Pz.Gren.Rgt. je				1 2 cm			
Fla.Züge b. d. Stabsbttr. der 4 Abt. des SS-Pz.A.R. 4 Züge je				3 2 cm			
SS-Flak Abt.	Gliederung siehe besondere Anlage.						

Gliederung einer Heeres-Flakabteilung (mot.)

a) **Personal:**

	Stab Stabs Bttr.	1. Bttr. (s.)	2. Bttr. (s.)	3. Bttr. (le.)	le. Kol.	Insgesamt
Offiziere, Beamte	12	3	3	3	1	22
Unteroffiziere	30	34	34	38	6	142
Mannschaften	127	130	130	146	67	600
	169	167	167	187	74	764

	Stab Stabs Bttr.	1. Bttr. (s.)	2. Bttr. (s.)	3. Bttr. (le.)	le. Kol.	Insgesamt
b) Bewaffnung:						
Karabiner	141	149	149	164	70	673
Masch.-Pistolen	14	10	10	12	1	47
l.M.G.	2	4	4	6	2	18
2 cm Flak 38		3	3	12*)		6—18*)
3,7 cm Flak 43				9*)		0— 9*)
8,8 cm Flak		4	4			8
60 cm Scheinwerfer				4		4
c) Fahrzeuge:						
Kraftfahrzeuge	45	31	31	41	23	171
Kräder	5	2	2	5	2	16

Ähnlich gegliedert waren die Flakabteilungen der Divisionen der Waffen-SS, 1. und 2. Bttr. hatten jedoch je 6 8,8 cm Flak.

Stärke und Bewaffnung der Flak-Abteilungen (mot.) (Waffen-SS):

22 Offiziere und Beamte
148 Unteroffiziere
654 Mannschaften

824

18 2 cm Flak 38 (teilweise 9 3,7 cm Flak statt 12 2 cm)
12 8,8 cm Flak 41
4 60 cm Scheinwerfer
181 Kraftfahrzeuge
16 Kräder

Fla.-Einheiten bei Heeres-Panzerabteilungen

	Offz.	Uffz.	Mann	2 cm Flakvierlg.	Kfze.	Kräder
schw. Heeres-Pz.Abt. (Pz.Kpfw. VI-Tiger) Fla.Zug bei Stabskomp.	1	4	35	3	4	1
schw. Heeres-Pz.Jg.Abt. (Pz.Jäg. Tiger-Porsche, auch als „Elephant" oder „Ferdinand" bekannt) Fla.Zug b. d. Stabskomp.	—	5	41	3	7	3

*) Die 3. Bttr. waren entweder mit 2 cm oder mit 3,7 cm Flak ausgerüstet.

Gliederung, Stärken und Ausrüstung der Flakartillerie der Luftwaffe im Heimatkriegsgebiet

Vorbemerkung: Die nachfolgenden Stärkeangaben sind nicht für alle Einheiten verbindlich. Abweichungen ergaben sich z. B. zwischen verlegefähigen (v) und ortsfesten (o) Flakeinheiten. Ab 1943 wurden im steigenden Umfange in der Heimat in Soldatenplanstellen junge Flakhelfer (Schüler) und Flakwaffenhelferinnen eingesetzt. In diesen Fällen erhöhten sich die Kopfzahlen im notwendigen Umfange. Ähnlich war die Situation bei den RAD-Flakbatterien.

Darüber hinaus fand in der letzten Kriegszeit ausländisches Hilfspersonal (Hiwis) als Ersatz für Soldaten im Verhältnis 1:1 Verwendung.

Flakabteilungen (v) verfügten über Kanonen mit normalen Fahrgestellen. Sie wurden im Bedarfsfall durch besondere Flaktransportbttr. verlegt. Bei den Flakeinheiten (o) standen die Kanonen auf einbetonierten Sockellafetten.

Der Einsatz der Flakeinheiten (v) blieb nicht auf das eigentliche Heimatkriegsgebiet beschränkt. Sie fanden auch im rückwärtigen Heeresgebiet und in den besetzten Gebieten Verwendung und unterstanden dann vorübergehend auch den zuständigen Flak Div. (mot.). Daraus ergab sich, insbesondere in den Krisenlagen der Jahre 1944/45, häufig die Mitwirkung bei Erdkampfhandlungen im Verbande des Heeres.

a) Flakdivision (v)

Div.Kdo. mit Vo-Meßtrupps und Auswertezügen
rd. 200 Offz., Uffz., Mann
2 l.M.G.
30 Kraftfahrzeuge
1 Anhänger
20 Kräder

3—4 Flakregimenter mit 3—4 schw., gem. und le. Abt. (v) und (o)

1 Flakscheinwerferregiment (v)

selbst. schw., gem. und le. Flak Abt. (v) oder (o)

Luftsperrabteilungen (Ballonsperren)

Nebeleinheiten

Luftnachrichtenabteilung
rd. 300 Offz., Uffz., Mann
11 l.M.G.
44 Kraftfahrzeuge
12 Anhänger
10 Kräder

Sanitäts- und Versorgungseinheiten
rd. 250 Offz., Uffz., Mann
2 l.M.G.
37 Kraftfahrzeuge
2 Kräder

Flaktransportbatterien

b) Stab/Flakregiment (v):

5 Offiziere
2 Beamte
7 Unteroffiziere
42 Mann
2 l.M.G.
7 Kraftfahrzeuge
4 Kräder

Dem Regiment waren in der Regel unterstellt:

3 gem. oder schw. Flak Abt. (v) oder (o)
1 le. Flak Abt (v) oder (o)

Eisenbahn-Flakregimenter bestanden aus 2 schw. und 1 le. Abt., oder aus 3 schw. Abt. Die Abteilungen hatten je 3—4 Batterien.

c) Stab/Flakscheinwerferregiment (v):

4 Offiziere
1 Beamter
7 Unteroffiziere
42 Mann
2 l.M.G.
7 Kraftfahrzeuge
4 Kräder

Dem Regiment waren in der Regel 3 Flakscheinwerfer-Abt. unterstellt.

d) le. Flakabteilung (v)

	Stab Nachr.Staffel	1.—3. Bttr. (2 cm) je	4. Bttr. (3,7 cm)	Total
Offiziere	5	3	3	17
Beamte	2			2
Unteroffiziere	14	30	30	134
Mann	44	120	120	524
	65	153	153	677
l.M.G.	1	2	2	9
2 cm Flak		12		36
2 cm Flakvierlinge		3		9
3,7 cm Flak			12	12
60 cm Scheinwerfer		4	4	16
Kraftfahrzeuge	11	2	2	19
Anhänger	3	16	16	67
Kräder	3	2	2	11

Anmerkung: Es gab auch le. Abt. mit bis zu 6 Bttr., die teilweise auch mit le. Flak anderer Kaliber (Beutegeschütze) ausgerüstet waren. Teilweise waren die Abt. mit 2 cm Flakvierlingen oder mit 3,7 cm Flak ausgerüstet. Vor allem bei der Eisenbahnflak gab es reinrassige 2 cm Flakvierlingsbatterien.

e) **schw. Flakabteilung (v):**

	Stab Nachr.Staffel	1.—4. Bttr. (8,8 cm)	Total
Offiziere	6	2	14
Beamte	2		2
Unteroffiziere	20	21	104
Mann	67	81	391
	95	104	511
l.M.G.	1	2	9
2 cm Flak		2	8
8,8 cm Flak		6	24
Kraftfahrzeuge	19	2	27
Anhänger	7	9	43
Kräder	4	2	12

Anmerkung: Einzelne Abteilungen hatten bis zu 6 schw. Bttr. 1944/45 wurden einzelne 8,8 cm Flakbatterien der Heimatluftverteidigung unter entsprechender Personalverstärkung mit 8 8,8 cm Flak ausgerüstet.

Schw. Flakabteilungen (10,5 cm oder 12,8 cm) hatten in der Batterie nur je 4 Kanonen.

f) **gem. Flakabteilung (v):**

In den Jahren 1942/43 wurde die Masse der gemischten Flakabteilungen (v) und (o) zu reinrassigen schweren oder leichten Abt. umgerüstet. Die noch vorhandenen gemischten Abteilungen bestanden aus Stab, 3 schw. und 2—3 le. Bttr.

g) **Flakscheinwerferabteilung (v):**

	Stab Nachr. Staffel	1., 2.	3., 4. Bttr.	Total:
Offiziere	6	2	2	14
Beamte	2			2
Unteroffiziere	17	20	20	97
Mann	60	125	120	550
	85	147	142	663
l.M.G.	1	2	2	9
150 cm Scheinwerfer		7	8	30
200 cm Scheinwerfer		2	2	6
Kraftfahrzeuge	17	3	3	29
Anhänger	5	20	20	85
Kräder	4	3	3	16

h) **Luftsperrabteilung (v)**

	Stab Nachr. Staffel	1.—4. Bttr.	Total
Offiziere	6	2	14
Beamte	2		2
Unteroffiziere	17	20	97
Mann	60	130	580
	85	152	693

	Stab Nachr. Staffel	1.—4. Bttr.	Total
l.M.G.	1	2	9
Sperrballone		18	72
Kraftfahrzeuge	17	3	29
Anhänger	5	20	85
Kräder	4	3	16

Verzeichnis der im Kriege aufgestellten Verbände der Flakartillerie der Luftwaffe

a) Generalkommandos von Flakkorps:

I. Gen.Oberst Weise — Gen.Maj. v. Axthelm — Reimann

II. Gen.Oberst Deßloch
ab Januar 1943 Luftwaffengruppe Kaukasus
Februar/März 1943 Luftwaffengruppe Kuban
dann aufgelöst
neu: Gen.d.Flakart. Reimann

III. Gen.Maj. Hintz — Gen.Lt. Pickert — Gen.Lt. v. Rantzau

IV. Gen.d.Flakart. Bogatsch

V. Gen.d.Flakart. v. Renz

VI. Gen.Lt. Schilffarth

Bei Kriegsende befanden sich I. und II. Flakkorps an der Ostfront, III. bei der Heeresgruppe B (Westen), IV. bei der Heeresgruppe G (Westen), V. bei der Heeresgruppe Süd (Osten-Ungarn) und VI. bei der Heeresgruppe H (Westen).

b) Flak-Divisionskommandos:

1. Gen.Maj. Schilffarth — Gen.Maj. Schaller — Gen. Lt. Kreßmann
— Luftverteidigung der Reichshauptstadt —

2. Gen.Lt. von Rantzau — Gen.Lt. Luczny

3. Gen.Maj. Schmidt — Gen.Maj. Wolz (b. m. W.)
— Münsterland —

4. Gen.Maj. v. Renz — Gen.Lt. Eibenstein
— Düsseldorf —

5. — Raketenwaffen

6. Gen.Lt. Anton

7. Gen.Maj. Schilffarth — Gen.Lt. Burchardt — Gen.Lt. Eibenstein
— Gen.Maj. Erhard (Alfred) (b. m. W.)

8. Gen.Maj. Kolb — Gen.Lt. Wagner

9. (mot.) Gen.Maj. Pickert
— Südabschnitt Osten —
Neuaufstellung nach Stalingrad:

9. (mot.) Gen.Lt. Pickert — Gen.Maj. Pirmann

10. (mot.) Gen.Lt. Seiffert — Gen.Maj. Engel (Franz) (b. m. W.)

11. Gen. Lt. Richter — Gen.Lt. Kreßmann

12. (mot.) Gen.Maj. Eibenstein — Gen.Lt. Prellberg
— Ostfront —

13. Gen.Maj. Schaller

14. Gen.Maj. Gerlach

15. (mot.) Gen.Maj. Muhr — Oberst Simon (b. m. W.)
— Oberst Jansa (b. m. W.) — Gen.Maj. Herbert

16. Gen.Lt. Eibenstein — Gen.Maj. Deutsch (b. m. W.)

17. (mot.) Gen.Maj. Köppen (b. m. W.)

18. (mot.) Gen.Maj. Reimann — Gen.Lt. Heinrich XXXVII Prinz Reuß —
Gen.Maj. Wolf — Gen.Maj. Sachs
— Mittelabschnitt Ostfront —

19. (mot. trop)
Gen.Lt. Burchardt — Gen.Lt. Frantz
— Panzerarmee Afrika —

Neuaufstellung in Italien:

19. (mot.) Gen.Maj. Pavel

20. (mot.) Gen.Lt. Neuffer
— 5. Panzerarmee Tunis —

Neuaufstellung:

20. (mot.) Gen.Maj. Sydow

21. (?)

22. (mot.) Gen.Maj. Römer — Gen.Maj. Deutsch

23. (mot.) Gen.Maj. Andersen

24. Gen. Maj. Grieshammer

25. Gen.Lt. von Hippel

26. Gen.Lt. Eibenstein
— Oberbayern —

27. (mot.) — Ostfront —

28. (mot.) Gen.Maj. von Ludwig

c) **Flak-Brigadekommandos** (wurden teilweise Divisionskommandos)

(I.) Oberst v. Axthelm

(II.) Oberst Kreßmann

(III.) Gen.Maj. v. Rantzau

(VI.) Gen.Maj. Wagner

(VII.) Gen.Maj. Schulze
— Sizilien —

4. Gen.Maj. Thym

6. Gen.Lt. Wagner

7. Gen.Lt. Prellberg

10. Gen.Maj. Sachs

12. Oberst Köster

13. Gen.Maj. Frhr. v. Freyberg-Eisenberg-Allmendingen — Gen. Maj. Freytag
15. Oberst v. Ludwig
16. (v) — Schutz des Fü.H.Qu. bei Rastenburg
18. Gen.Maj. Halberstadt
21.
22. Oberst Müller

d) **Kommandobehörden für Ausbildungs- und Ersatzaufgaben:**

General der Flakausbildung	Gen.Lt. v. Rantzau
Höh.Kdr. der Flakartillerieschulen*)	Gen. Lt. Veith
Höh.Kdr. der Feld-Flakartillerieschulen*)	Gen.Maj. Stange
Flakersatzdivision	Gen.Lt. v. Witzendorff
Fliegerzieldivision	Gen.Maj. Dinort

Anmerkung: Vollständige Ermittlung der Stellenbesetzung und die zeitlich exakte Reihenfolge war nicht möglich. — Die Dienstgrade entsprechen im allgemeinen dem Stand während des Kommandos.

e) **Flakverbände der Luftwaffen-Erdkampfdivisionen:**

Flak-Rgt. „Hermann Göring" (bis 1942 normales Flak-Rgt.)
Fallschirm Flak-Abt. 1—10 (Nr. 8: Aufstellung nicht mehr beendet)
Flak-Abt. der Lw.-Felddivisionen 1—22 (Nr. 22: Aufstellung nicht mehr beendet)

f) **Regimentsstäbe** ( ) Aufstellungsluftgau:

Lehr Rgt. (604)		6. Ers. u. Ausb.	
1.	(VII)	7. Sw.	
1. Sturm (fr. 32)	(XVII)	8. mot.	(XVII)
1. Sw.		8. Sw.	
1. Ers. u. Ausb.		9. mot.	(XIII)
2.	(VII)	10. mot.	(III/IV)
2. Sturm (fr. 36)	(XI)	11. mot.	(I)
2. Sw.		12. mot. (Sturm)	(III/IV)
2. Ers. u. Ausb.		12. Eisb.	
3. mot.	(III/IV)	13. mot.	(III/IV)
3. Sturm (fr. 37)	(VIII)	14. mot.	(VI)
3. Ers. u. Ausb.		15.	(XII/XIII)
4. mot.	(VI)	16.	(XI)
4. Sturm (fr. 79)		17.	(XI)
4. Sw.		18. mot.	(XVII)
4. Ers. u. Ausb.		19. v.	(XII/XIII)
5. mot.	(VII)	20. Sturm	(VIII)
5. Sw.		21. mot.	(I/II)
5. Ers. u. Ausb.		22. mot.	(III/IV)
6. mot.	(XI)	22. Sturm	
6. Sw.		23. mot. (sp. 202)	(III/IV)

*) später Flakschuldivision

24. mot.
25. mot. (VII)
26. mot. (X/XI)
27. (X/XI)
28. mot. (XII/XIII)
29. (X/XI)
30. Eisb.
31.
32. später Sturm Rgt. 1 (XVII)
33. (III/IV)
34. v. (VI)
35. sp. Sturm (XI)
36. sp. Sturm Rgt. 2 (XI)
37. mot.; sp. Sturm Rgt. 3 (VIII) (I ?)
38. mot. (XVII)
39. (VI ?)
40.
41.
42. (III/IV)
43. (III/IV)
44. mot. (VI)
45. mot. (VII)
46.
47.
48. (VIII)
49. (XII)
50. mot.
51. mot. (III/IV)
52. (III/IV)
53. (VII)
54. mot. (VI)
55. v. (XII/XIII)
56.
57.
58. ortsfest
59.
60. (XI)
61. (III/IV)
62. (XI)
63.
64. mot., sp. Sturm Rgt. (VI)
65.
66. (XII/XIII)
67.
68. (XVII ?)
69. (VI)
71.
72. Eisb.
74.
74. Sw.
76.
77. mot.
78. mot.
79. mot., sp. Sturm Rgt. 4
80. le. Flak-Sturm Rgt.
83. mot.
85. mot.
86. mot.
87. v.
89.
90.
91. mot.
92. mot.
93.
94.
95.
96.
98. mot.
99. mot.
100.
101. mot.
102. mot., sp. mot. trop.
103. mot. (Rgt. „General Göring")
104. mot. (Stab/Flak-Rgt. 11)
105.
106.
107.
108.
109.
109. Sw.
110. Eisb.
111. Eisb.
111. Sw.
112. Eisb.
113.
113. Sw.
114. Eisb.
114. mot. trop.
116. mot.
117.
118.
119. Sw.
120.
121.

122. Eisb.
123.
125. Eisb.
125. mot.
126.
129. mot.
130. ortsfest
131. mot.
132. mot.
133. mot.
134. mot.
135. mot., sp. mot. trop.
136. mot., sp. v.
137.
138.
139. Sw.
141.
142. mot.
149. mot.
151.
152. mot.
153.
155. mot.
156. V-Waffen Oberst Wachtel
159. Eisenbahntransportschutz-Rgt.
159. Sw.
160. Sw.
161. Sw.
162. mot.
164. mot.
169.
179.
180.
181. mot.
182. mot.
189. mot.
193.
195. Sw.
199. Sw.
200.
201. mot.
202. mot. (fr. 23)
213.
229. mot.
231. mot.
232.
241. mot. (VI)
292. mot.
300.
308. (III/IV)
335.
382.
404.
411. mot.
431. mot.
441. mot.
491. mot.
501. mot.
504. mot.
522.
604. mot. (Lehr-Rgt.)
611. mot. (XI)
629.
643. mot.
652. Sw.
653. Sw. mot.
654. Sw.
656. Sw.
657. Sw.
701. Sw.
704. Sw.
808. Sw.
911. Sw.
1015. Sw.

Zusammenstellung:

Insgesamt sind während des Krieges aufgestellt worden
150 Regimentsstäbe für Kanonenabteilungen
14 Regimentsstäbe für Flaksturm-Abteilungen (vorher meist Flak-Rgt.)
10 Regimentsstäbe für Eisenbahnflak
2 Regimentsstäbe für V-Waffen
28 Regimentsstäbe für Flak-Scheinwerfer-Abteilungen
6 Regimentsstäbe für Ersatz- und Ausbildungs-Abteilungen

210

2 cm Vierling

Im Schlamm stecken gebliebendes 8,8 cm Geschütz

2 cm Geschütz mit Schutzschild bei einer Stadt am Don, 1942

Eine Batterie schwere Flak am Atlantikwall 1943

Umstellungen einzelner Rgt.-Stäbe von Kanonenflak auf Flakscheinwerfer und umgekehrt sind n i c h t berücksichtigt. Im übrigen ist darauf hinzuweisen, daß vorstehend angeführte Rgt.-Stäbe nicht alle zur gleichen Zeit bestanden haben, eine Tatsache, die auch bei den folgenden Aufstellungen zu berücksichtigen ist.

g) Flakabteilungen:

Anmerkung: Die Forschung über die während des Krieges aufgestellten Flakabteilungen kann noch nicht als abgeschlossen angesehen werden. Die in diesem Buch enthaltenen Aufstellungen werden nach weiteren Ermittlungen hier und da zu ergänzen sein.

Die le. Abt. mit den Nummern zwischen 71 und 94 waren ursprünglich mit 2 cm Flak ausgerüstet. I./6, I./18, II./25 I./33 und I./43 waren später mot. trop.

„Führer"-Flak-Abt. (V/RGG)		mot.
L. u. Vers. Abt. I	(schw.)	mot.
L. u. Vers.-Abt. II	(le.)	mot.
III./FAS	(le.)	mot.
I./L	(gem.)	mot.
II./L	(le.)	mot.
III./L	(Sw.)	mot.
I./RGG	(gem.)	mot.
II./RGG	(le.)	mot.
III./RGG	(Sw.)	mot.
IV./RGG	(le.)	mot.
I./3	(gem.)	mot.
II./3	(gem.)	mot.
I./4	(gem.)	mot.
II./4	(gem.)	mot.
III./4	(Sw.)	mot.
I./5	(gem.)	mot.
II./5	(gem.)	mot.
III./5	(Sw.)	mot.
I./6	(gem.)	mot.
II./6	(gem.)	mot.
III./6	(Sw.)	mot.
I./7	(gem.)	mot.
I./8	(gem.)	mot.
III./8	(Sw.)	mot.
I./9	(gem.)	mot.
II./9	(gem.)	mot.
III./9	(Sw.)	mot.
I./11	(gem.)	mot.
II./11	(gem.)	mot.
I./12	(gem.)	mot.
II./12	(10,5 cm Eisb.)	
III./12	(Sw.)	mot.
I./13	(gem.)	mot.
II./13	(gem.)	mot.

III./13	(Sw.)	mot.
I./14	(gem.)	mot.
II./14	(gem.)	mot.
III./14	(Sw.)	mot.
I./18	(gem.)	mot.
I./19	(gem.)	mot.
I./21	(gem.)	mot.
II./21	(gem.)	mot.
sp. 212		
I./22	(gem.)	mot.
II./22	(gem.)	mot.
I./23	(gem.)	mot.
II./23	(gem.)	mot.
III./23	(Sw.)	mot.
I./24	(gem.)	mot.
II./24	(gem.)	mot.
I./25	(gem.)	mot.
II./25	(gem.)	mot.
III./25	(Sw.)	mot.
I./26	(gem.)	mot.
II./26	(gem.)	mot.
III./26	(Sw.)	mot.
I./29	(gem.)	mot.
II./29	(gem.)	mot.
III./29	(Sw.)	mot.
I./30	(gem.)	mot.
I./32	(gem.)	mot.
I./33	(gem.)	mot.
II./33	(gem.)	mot.
I./36	(gem.)	mot.
II./36	(gem.)	mot.
III./36	(Sw.)	mot.
I./37	(gem.)	mot.
II./37	(gem.)	mot.
I./38	(gem.)	mot.
II./38	(gem.)	mot.

I./40	(gem.)		mot.
II./40	(gem.)		mot.
I./41	(gem.)		mot.
später I./42			
I./42	(gem.)		mot.
I./43	(gem.)		mot.
II./43	(gem.)		mot.
III./43	(Sw.)		mot.
I./44	(gem.)		mot.
II./44		(10,5 cm)	
III./44	(Sw.)		mot.
I./48		(10,5 cm)	
I./49	(gem.)		mot.
II.49	(gem.)		
I./51	(gem.)		mot.
I./52	(gem.)		mot.
II./52	(gem.)		mot.
I./53	(gem.)		mot. trop.
I./54	(schw.)		
I./61	(gem.)		mot.
I./62	(gem.)		mot.
I./64	(gem.)		mot.
III./64	(Sw.)		mot.
71	(le.)	(3,7 cm Sturm)	mot.
72	(le.)	(3,7 cm)	mot.
73	(le.)	(3,7 cm)	mot.
74	(le.)	(3,7 cm)	mot.
75	(le.)	(3,7 cm)	mot.
76	(le.)	(3,7 cm)	mot.
77	(le.)	(3,7 cm)	mot.
78	(le.)	(3,7 cm)	mot.
80	(le.)	(Sturm)	mot.
81	(le.)		mot.
82	(le.)		mot.
83	(le.)		mot.
84	(le.)	(3,7 cm Sturm)	mot.
85	(le.)		mot.
86	(le.)		mot.
87	(le.)		mot.
88	(le.)		mot.
89	(le.)		mot.
90	(le.)	(Sturm)	mot.
91	(le.)		mot.
92	(le.)		mot.
93	(le.)		mot.
94	(le.)		mot.
95	(le.)		mot.
96	(le.)	(3,7 cm)	mot.

97	(le.)	mot.
98	(le.)	mot.
99	(le.)	mot.
102	(schw.)	
I./111	(schw.)	mot.
III./111	(schw.)	Eisb.
112	(schw.)	
113	(gem.)	mot.
114	(gem.)	mot. trop.
115	(gem.)	Eisb.
116	(schw.)	tmot.
117	(schw.)	
118	(gem.)	
120	(Sw.)	
121	(schw.)	mot.
122	(gem.)	mot.
123	(gem.)	
124	(gem.)	tmot.
125	(gem.)	(8,8 cm, 3,7 cm)
126	(schw.)	
127	(gem.)	
128	(Sw.)	
130	(Sw.)	
131	(gem.)	tmot.
132	(schw.)	
133	(gem.)	
134	(schw.)	
135	(gem.)	mot. trop.
136	(schw.)	
137	(gem.)	
138	(Sw.)	
138	(gem.)	
139	(Sw.)	
140	(Sw.)	
I./141	(gem.)	mot.
II./141	(gem.)	mot.
141	(gem.)	mot.
142	(schw.)	
143	(schw.)	
144	(le.)	mot.
145	(schw.)	
146	(schw.)	
147	(gem.)	tmot.
148	(Sw.)	
149	(Sw)	
151	(schw.)	
152	(schw.)	
153	(gem.)	tmot.

154	(schw.)		ortsfest
155	(gem)	RAD	
156	(schw.)	10,5 cm	
157	(gem.)		tmot.
158	(Sw.)		
I.—IV./159	(le.)		Eisb.
160	Bttr.		Eisb.
160	(Sw.)		tmot.
161	(gem.)		
162	(gem.)		
163	(schw.)		
163	(Sw.)		
164	(gem.)		
165	(schw.)		
166	(schw.)		
166	(Sw.)		
167	(schw.)		tmot.
168	(Sw.)		tmot.
169	(gem.)		
170	(gem.)		
171	(gem.)		tmot.
172	(gem.)		
	(8,8 cm, 3,7 cm)		tmot.
173	(schw.)		
174	(schw.)		
175	(schw.)		tmot.
180	(Sw.)		
181	(schw.)		mot.
182	(schw.)		tmot.
183	(gem.)		
185	(gem.)	(7,5 cm)	
186	(schw.)	(7,5 cm)	
187	(gem.)	(7,5 cm)	
189	(Sw.)		
190	(Sw.)		
191	(schw.)		mot.
192	(schw.)		
193	(gem.)		ortsfest
194	(gem.)		
195	(gem.)		
196	(gem.)		tmot.
197	(schw.)		ortsfest
198	(Sw.)		
199	(gem.)		
202	(gem.)		
202	(Sw.)		
206	(gem.)		
211	(gem.)		

211	(Sw.)		
212	(gem.)		
	(früher II./21)		tmot.
215	(schw.)		
216	(schw.)		
217	(schw.)		ortsfest
	5 Bttr., dav. 1 RAD		
210	(gem.)		tmot.
220	(Sw.)		tmot.
221	(gem.)	5 Bttr.	mot.
	später le. 717		
222	(gem.)		
223	(gem.)		
224	(schw.)		Eisb
225	(schw.)		
226	(gem.)		
227	(schw.)		Eisb
230	(Sw.)		
I./231	(gem.)		mot.
II./231	(gem.)		mot.
232	(gem.)		
234	(gem.)		
235	(gem.)		tmot.
236	(schw.)		tmot.
237	(schw.)		tmot.
238	(Sw.)		
I./241	(gem.)		mot.
II./241	(gem.)		mot.
242	(gem.)	RAD	tmot.
243	(schw.)		
244	(schw.)		ortsfest
245	(schw.)		
246	(schw.)		
247	(schw.)		
248	(Sw.)		
249	(schw.)		
250	(Sw.)		
251	(schw.)		tmot.
252	(gem.)		mot.
252	(Sw.)		
253	(gem.)	RAD	tmot.
254	(gem.)		tmot.
255	(gem.)		
256	(schw.)		tmot.
257	(schw.)		
258	(gem.)		
258	(Sw.)		
259	(gem.)		tmot.

259	(Sw.)		
260	(Sw.)		
261	(gem.)	RAD	tmot.
262	(gem.)		
263	(schw.)		Eisb.
264	(schw.)		
265	(schw.)		tmot.
266	(gem.)		tmot.
267	(schw.)		ortsfest
268	(Sw.)		
269	(Sw.)		
271	(schw.)		tmot.
272	(schw.)		
273	(schw.)	7,62 cm russ.	
274	(schw.)		
275	(schw.)		
276	(schw.)		tmot.
278	(schw.)		Eisb.
279	(schw.)		
280	(schw.)		ortsfest
281	(schw.)	9 cm	
282	(gem.)		
283	(schw.)		
284	(gem.)		
285	(gem.)		
286	(schw.)		
287	(schw.)	10,5 cm	
288	(schw.)		
I./291	(gem.)		mot.
291	(le.)		tmot.
292	(gem.)		ortsfest
293	(schw.)		
294	(gem.)		tmot.
295	(schw.)	RAD	tmot.
296	(gem.)		tmot.
297	(gem.)		
298	(Sw.)		tmot.
299	(Sw.)	aus Sw.Rgt. 119	
300	(Sw.)		
301	(schw.)		
302	(gem.)	8,8 cm 3,7 cm	tmot.
303	(schw.)		
303	(Sw.)		
304	(schw.)		
305	(gem.)		
306	(schw.)		Eisb.
307	(schw.)		Eisb.
308	(Sw.)		tmot.
309	(Sw.)		
310	(Sw.)		
311	(schw.)		tmot.
313	(schw.)		
314	(schw.)	10,5 cm	tmot.
316	(gem.)		
318	(Sw.)		tmot.
321	(schw.)	10,5 cm	Eisb.
322	(gem.)		
323	(gem.)		
324	(schw.)		
325	(schw.)		
326	(schw.)		
327	(schw.)		
328	(Sw.)		
329	(Sw.)		mot. trop.
330	(Sw.)		
331	(gem.)		mot.
332	(schw.)		
333	(gem.)		
334	(schw.)		
336	(schw.)		
337	(schw.)		
339	(Sw.)		
340	(Sw.)		
340	(gem.)		
341	(gem.)		tmot.
342	(gem.)		tmot.
343	(schw.)		tmot.
344	(gem.)		tmot.
345	(gem.)	RAD	tmot.
346	(gem.)	RAD	tmot.
347	(schw.)	5 Bttr.	
348	(Sw.)		
351	(schw.)		
352	(schw.) (aus I./23) später 421		tmot.
353	(gem.)		
354	(schw.)		
355	(gem.)		tmot.
356	(gem.)	RAD	tmot.
357	(schw.)	9,4 cm	
358	(gem.)		Eisb.
359	(Sw.)		
360	(gem.)		
361	(gem.)		tmot.
362	(schw.)		

363	(schw.)		
364	(gem.)	10,5 cm 3,7 cm	ortsfest
365	(schw.)		
366	(gem.)		
367	(Sw.)		
368	(Sw.)		
369	(Sw.)		tmot.
370	(Sw.)		
371	(gem.)		tmot.
372	(schw.)		
373	(gem.)		Eisb.
374	(gem.)		
375	(gem.)		tmot.
376	(schw.)		tmot.
378	(Sw.)		
380	(gem.)		
381	(schw.)		
382	(gem.)		
383	(gem.)		
384	(schw.)		
385	(schw.)		tmot.
386	(schw.)		tmot.
387	(gem.)		
388	(schw.)		
389	(gem.)		
391	(gem.)		tmot.
392	(schw.)		tmot.
393	(le., sp. schw.)		tmot.
394	(gem.)		ortsfest
395	(gem.)		
396	(gem.)		ortsfest
397	(schw.)		tmot.
399	(gem.)		
400	(Sw.)		
401	(gem.)		Eisb.
402	(gem.)		
403	(gem., sp. schw.)		
404	(gem.)		
405	(gem.)		
406	(gem.)		
407	(gem.)		
408	(Sw.)		
409	(Sw.)		
410	(Sw.)		tmot.
412	(schw.)		
414	(schw.)		
415	(le.)		

416	(schw.)	12,8 cm	Eisb.
417	(gem.)	RAD	tmot.
418	(schw.)		Eisb.
419	(gem.)		
421	(schw.) (v) (früher 352)		tmot.
422	(schw.)		Eisb.
423	(schw.)		Eisb.
424	(schw.)		Eisb.
425	(gem., sp. schw.)		
426	(gem.)		
427	(schw.)		tmot.
428	(schw.)		tmot.
429	(gem.)		Eisb.
431	(gem.)		
432	(schw.)		
433	(schw.)		
434	(schw.)		
434	(schw.)		
435	(gem.)		
436	(schw.)		ortsfest
437	(schw.)		
438	(Sw.)		
440	(Sw.)		tmot.
I./441	(gem.)		mot.
441	(Sw.)		
441	(gem.)	RAD	ortsfest
442	(gem.)		tmot.
443	(schw.)		
444	(schw.)		Eisb.
445	(schw.)		
446	(gem.) wurde II./37		mot.
447	(schw.)		
448	(Sw.)		
449	(Sw.)		
450	(Sw.)		
451	(gem.)	wurde le. 945	
452	(schw.)		
453	(Sw.)		
453	(schw.)		
454	(schw.)		
455	(gem.)		
456	(schw.)	10,5 cm	
457	(gem.)		
458	(Sw.)		tmot.
459	(schw.)		
460	(schw.)		

461	(schw.)		
462	(gem.)		Eisb.
463	(gem.)		
464	(schw.)		
465	(schw.)		
466	(gem.)		
467	(gem.)		
468	(Sw.)		
469	(le.)		
470	(Sw.)		
471	(schw.)		
472	(gem.)		
473	(gem.)		Eisb.
475	(gem.)		tmot.
476	(gem.)		
479	(gem.)		
481	(gem.)		tmot.
483	(schw.)		
485	(schw.)		ortsfest
486	(gem.)		
487	(gem.)	9 cm, 4 cm	
489	(schw.)		tmot.
490	(gem.)		
491	(gem.)		mot.
(auch I./491)			
492	(gem.)		
493	(gem.)		
494	(le.)		
495	(schw.)		
496	(schw.)		tmot.
497	(gem.)		tmot.
I./501	(gem.)		mot.
502	(schw.)		
503	(schw.)		
504	(gem.)		tmot.
505	(Fährenflak)		
506	(gem.)		tmot.
507	(le.)	3,7 cm, 2 cm	
509	(Sw.)		tmot.
511	(gem.)		tmot.
512	(gem.)	10,5 cm 3,7 cm	tmot.
513	(schw.)		
514	(gem.) wird I./8		mot.
515	(schw.)		
516	(gem.)		
517	(gem.)		

518	(Sw.)		ortsfest
519	(Sw.)		
520	(Sw.)		
521	(gem.)		tmot.
522	(schw.)		mot.
523	(schw.)	10,5 cm	tmot.
524	(gem.)		
525	(schw.) wurde sp. II./52		mot.
526	(schw.)		tmot.
527	(gem.)	10,5 cm, 3,7 cm	
528	(Sw.)	6 Bttr.	
529	(Sw.)		
530	(gem.)		
531	(schw.)		tmot.
532	(schw.)		tmot.
534	(schw.)		tmot.
535	(schw.)		Eisb.
536	(gem.)		Eisb.
538	(schw.)		Eisb.
541	(schw.)		mot.
543	(gem.)	10,5 cm	Eisb.
544	(schw.)		tmot.
545	(schw.)		tmot.
546	(schw.)		tmot.
547	(schw.)		tmot.
548	(schw.)		tmot.
549	(schw.)		tmot.
550	(schw.)		tmot.
551	(gem.)	RAD	
552	(le.)	RAD	
553	(gem.	RAD	
554	(gem.)	RAD	
555	(gem.)		tmot.
556	(schw.)		
557	(schw.)		
558	(Sw.)		
559	(Sw.)		tmot.
561	(schw.)		
562	(gem.)		ortsfest
563	(schw.)		tmot.
566	(schw.)		tmot.
567	(gem.)		tmot.
569	(gem.)		tmot.
571	(schw.)		ortsfest
572	(gem.)		tmot.
573	(le., sp. schw.)		tmot.
574	(schw.)		

575	(schw.)		tmot.
577	(schw.)		
581	(gem.)		
582	(Sw.)		
585	(Sw.)		tmot.
586	(Sw.)		
587	(Sw.)		ortsfest
588	(gem.)		tmot.
589	(Sw.)		
591	(gem.)	RAD	tmot.
592	(schw.)		tmot.
593	(gem.) 7,5 cm RAD		tmot.
594	(gem.)	RAD	tmot.
595	(gem.) früher 696	RAD	tmot.
596	(schw.)	RAD	tmot.
597	(gem.)		tmot.
598	(gem.)	RAD	tmot.
599	(gem.)		tmot.
600	(gem.)	RAD	tmot.
601	(schw.)	10,5 cm	
602	(gem.)		
603	(schw.)		
605	(schw.)		
606	(schw.)		
607	(schw.)		
608	(Sw.)		
609	(Sw.)		mot.
610	(Sw.)		
I./611	(gem.)		mot.
III./611	(Sw.)		mot.
612	(gem.)		
613	(schw.)		
614	(le.)	RAD	tmot.
615	(schw.)		
616	(schw.)		
617	(schw.)		
618	(Sw.)		
619	(gem.)		
620	(Sw.)		
622	(gem.)		
623	(gem.)		
625	(gem.)		
627	(gem.)		
628	(schw.)		
631	(schw.)	RAD	
632	(schw.)		
633	(schw.)		
634	(schw.)		
635	(schw.)		
637	(gem.)		
638	(schw.)		
639	(gem.)		
640	(Sw.)		
641	(schw.)		tmot.
642	(schw.)		
643	(schw.)		
644	(schw.)		
645	(gem.)		
646	(schw.)		
647	(le.)		
648	(Sw.)		
649	(gem.)		tmot.
649	(Sw.)		
650	(gem.)		
651	(gem.)	RAD	tmot.
653	(gem.)		
655	(gem.)		
660	(schw.)		
661	(schw.)		tmot.
662	(schw.)		
664	(schw.)		sp. Eisb.
665	(gem.)		ortsfest
666	(gem.)		
667	(le.)		
668	(le.)	3,7 cm, 2 cm	mot.
669	(Sw.)		
670	(gem.)		
671	(gem.)		
672	(gem.	10,5 cm RAD 3,7 cm	
673	(le.)		tmot.
674	(schw.)		
675	(gem.)		tmot.
676	(gem.)		ortsfest
677	(schw.)	10,5 cm	tmot.
678	(gem.)		
679	(gem.)		tmot.
680	(le.)		
681	(gem.)		
682	(gem.)		
683	(schw.)	RAD	tmot.
684	(le.)		
685	(gem.)		mot.
686	(gem.)	RAD	

687	(le.)		
688	(schw.)		
689	(le.)		
690	(gem.)		
691	(le.)		Eisb.
692	(gem.)		
693	(schw.)		
694	(le., sp. schw.)		tmot.
695	(gem.)		
696	(schw.)		
	wurde sp. schw. 595		
697	(gem.)		
698	(le.)		
700	(gem.)		
I./701	(gem.)		mot.
702	(gem.)		
703	(le.)		
I./704	(gem.)		mot.
705	(schw.)		
706	(schw.)		tmot.
707	(schw.)		
708	(Sw.)		
708	(gem.)		
709	(gem.)		
710	(gem.)		
711	(gem.)		mot.
712	(gem.)		
713	(le.)		
714	(gem.)		
715	(le.)		
716	(le.)		tmot.
717	(le.)		tmot.
718	(le.)		
719	(le.)		
720	(le.)		
721	(le.)		
722	(le.)		
723	(le.)		tmot.
724	(le.)	3,7 cm	
725	(le.)	3,7 cm	Eisb.
726	(le.)		
727	(le.)		
728	(le.)		
729	(le.)		
730	(le.)		Eisb.
731	(le.)	5 cm	tmot.
		3,7 cm	
732	(le.)		

733	(le.)		
734	(le.)		tmot.
735	(le.)		tmot.
736	(le.)		tmot.
737	(le.)		tmot.
738	(le.)		
739	(le.)	3,7 cm	
740	(le.)		tmot.
741	(le.)	3,7 cm	mot.
742	(le.)	3,7 cm	
743	(le.)		
744	(le.)		tmot.
745	(le.)		
746	(le.)		
747	(le.)		
748	(gem.)		
749	(Sw.)		
750	(le.)	3,7 cm	tmot.
751	(le.)		tmot.
752	(le.)	3,7 cm	tmot.
753	(le.)		
754	(le.)	3,7 cm	tmot.
755	(gem.)		
756	(le.)	3,7 cm	
757	(gem.)		
758	(le.)		
760	(le.)	3,7 cm	tmot.
761	(le).	3,7 cm	mot.
762	(le.)		
763	(le.)		
764	(le).	3,7 cm	
765	(le.)		
766	(le.)		tmot.
767	(le.)		
768	(le.)		
769	(le.)		
772	(le.)	3,7 cm, 2 cm	tmot.
773	(le.)		
774	(le.)	3,7 cm	tmot.
775	(le.)	3,7 cm	mot.
776	(le.)		
777	(le.)		tmot.
780	(gem.)		
781	(le.)		
782	(le., sp. schw.)		tmot.
783	(le.)		
785	(le.)		
786	(le.)		

793	(gem.)		
797	(gem.)		
800	(gem.)		
801	(gem.)		
802	(gem.)		tmot.
803	(schw.)		
804	(gem.)	9,4 cm, 4 cm	
805	(schw.)		
806	(schw.)	7,5 cm	
808	(Sw.)		
809	(Sw.)		
810	(gem.)		
811	(gem.)		
813	(gem.)		
815	(gem.)		
816	(gem.)		
821	(le.)		Eisb.
822	(le.)		Eisb.
823	(lei).		
824	(le.)		
825	(le.)		Eisb.
826	(le.)		
828	(le.)		tmot.
829	(le.)		
830	(le.)		
831	(le.)	3,7 cm	tmot.
832	(le.)		
833	(le.)		
834	(le.)	4 Bttr.	tmot.
835	(le.)	3,7 cm	tmot.
836	(le.)		
837	(le.)		
838	(le.)		
839	(le.)		
841	(le.)	3,7 cm	mot. trop.
842	(le.)	3,7 cm	tmot.
843	(le.)		tmot.
844	(le.)		tmot.
845	(le.)	3,7 cm	
846	(le.)		
847	(le.)		mot.
848	(le.)		
849	(le.)		
851	(le.)	3,7 cm	tmot.
852	(le.)	3,7 cm	tmot.
853	(le.)	3,7 cm	tmot.
854	(le.)		
855	(le.)		

856	(le.)		
857	(le.)		
858	(le.)		
859	(le.)		Eisb.
860	(le.)		Eisb.
861	(le.)		mot.
862	(le.)		
863	(le.)		
864	(le.)		Eisb.
865	(le.)		Eisb.
866	(le.)		
867	(le.)		
871	(le.)		
872	(le.)		
873	(le.)	3,7 cm	tmot.
874	(le.)		
875	(le.)		tmot.
876	(le.)		
877	(le.)		
878	(le.)		
879	(le.)		
880	(le.)	3,7 cm	tmot.
	früher le. 993		
883	(le.)		
884	(gem.)		
885	(le.)	3,7 cm	tmot.
887	(le.)		
889	(le.)		
890	(le.)		ortsfest
891	(le.)		tmot.
897	(le.)		
901	(gem.)		tmot.
902	(schw.)	10,5 cm	Eisb.
903	(schw.)		
904	(gem.)	7,5 cm	
905	(gem.)		
907	(schw.)		ortsfest
908	(Sw.)		
909	(Sw.)		
911	(le.)	3,7 cm	tmot.
912	(le.)		tmot.
913	(le.)	3,7 cm	tmot.
914	(le.)		tmot.
918	(gem.)		
919	(le.)		
921	(le.)		tmot.
922	(le.)		
923	(le.)	3,7 cm	

924	(gem.)		
925	(gem.)		
928	(gem.)		
931	(le.)	3,7 cm	tmot.
932	(le.)		
933	(le.)		
934	(le.)		
941	(le.)		
942	(le.)		
945	(le.)		tmot.
	früher schw. 451		
951	(le.)		mot.
952	(le.)		
953	(le.)		
954	(le.)		
955	(le.)		
956	(le.)		Eisb.
957	(le.)		
958	(le.)		
959	(le.)		
960	(le.)		
969	(le.)		
971	(le.)		
972	(le.)		
974	(le.)		
978	(le.)		mot.
979	(le.)	3,7 cm	
980	(le.)		
981	(le.)		
982	(le.)		tmot.
983	(le.)		tmot.
984	(le.)	3,7 cm	tmot.
985	(le.)	4 cm	tmot.
986	(le.)		
987	(le.)		
988	(le.)		
990	(le.)	3,7 cm	tmot.
991	(le.)	5 cm	tmot.
992	(le.)		
993	(le.)	später le. 880	
994	(le.)		
995	(le.)		tmot.
996	(le.)		tmot.
997	(le.)	3,7 cm	
998	(le.)	3,7 cm	
999	(le.)		tmot.
1003	(gem.)	RAD	
1008	(gem.)		
1071	(gem.)		
1080	(gem.)		
1140	(gem.)		
1150	(gem.)		
2050	(le. z.b.V.)		
5195	(gem. z.b.V.)		
6943	(gem. z.b.V.)		
10071	(le. Sturm z.b.V.)		mot.
10080	(Sturm z.b.V.)		
11300	(le. Sturm z.b.V.)		
11400	(gem. Sturm z.b.V.)		
11500	(gem. Sturm z.b.V.)		
11600	(gem. Sturm z.b.V.)		
11700	(gem. Sturm z.b.V.)		
11800	(gem. Sturm z.b.V.)		
11900	(gem. Sturm z.b.V.)		
12200	(gem. z.b.V.)		
12300	(gem. z.b.V.)		
12400	(gem. z.b.V.)		
12500	(gem. z.b.V.)		
13100	(gem. z.b.V.)		
13200	(gem. z.b.V.)		
13300	(gem. z.b.V.)		
13400	(gem. z.b.V.)		

Zusammenstellung:

Während des Krieges sind insgesamt aufgestellt worden

316 gemischte Flakabteilungen
203 schwere Flakabteilungen
217 leichte und mittlere Flakabteilungen
41 leichte und schwere Eisenbahn-Flakabteilungen
1 Fähren-Flakabteilung
778 Kanonen-Abteilungen aller Kaliber
111 Flak-Scheinwerfer-Abteilungen.

Dazu kamen:

- Flak-Transportbatterien und -abteilungen
- Eisenbahn-Flaktransportbatterien
- Flakmeßzüge (Auswertezüge)
- Sperrfeuerbatterien (1943 umgerüstet und in normale Kanonenbatterien umgewandelt)
- Lw.-Nebelkompanien.

In der Gruppe der z.b.V.-Einheiten (hohe Nummern) gab es außerdem auch noch einzelne Batterien; teilweise handelte es sich um Restkommandos von Einheiten, die als Erdkampfbatterien an die bedrohten Fronten abgestellt worden waren. Aus den Resten wurden neue Bttr. für die Luftverteidigung gebildet, z. B. Flak-Bttr. z.b.V. 10 516 (RAD 2/206).

Die Buchstaben RAD hinter der Abteilungsnummer bedeuten, daß die betreffende Abt. ganz oder teilweise vom Reichsarbeitsdienst aufgestellt wurde.

Die tmot. und viele der mot. Abt. waren bei Kriegsende meist nur noch „behelfsmotorisiert" oder, sehr häufig, als verlegefähige (v) Einheiten für den Stellungswechsel auf die Unterstützung von Flaktransportbatterien angewiesen.

h) Luftsperr-Abteilungen:

2		207	tmot.
5		208	
10		209	
100		210	
102	(3./102 wurde 5./204)	607	
103		648	
106		649	tmot.
107		664	
108		668	
110	tmot.	669	
111		708	
113		749	
201		808	
202		809	
203		909	
204		962	
206		963	

Insgesamt wurden 34 Luftsperr-Abteilungen aufgestellt.

Gliederung der Ausbildungseinrichtungen und Ersatz- und Ausbildungs-Einheiten der Flakartillerie (Lw.) Juni 1944

General der Flakausbildung im OKL
(Gen.Lt. v. Rantzau)

Höh. Kdr. der Flakartillerieschulen — Braunschweig
(Gen.Maj. Veith)

FAS I	Rerik i. Meckl. (s. Flak)	(Oberst Stams)
FAS II	Rerik-Ost (le. Flak)	(Obstlt. Lyncker)

FAS III	Berlin-Heiligensee (Funkmeßdienst-Flak)	(Obstlt. Dr. Wever)
FAS IV	Schongau i. Allg. (E-Meßdienst, Kdo. Geräte)	(Oberst Jebens)
FAS V	Baden b. Wien (Horch- und Leuchtdienst)	(Oberst Basten)
LKS 6	Kitzingen (Kriegsoffiziernachwuchs)	(Oberst Bauer)
LKS 8	Göppingen (Kriegsoffiziernachwuchs)	(Gen.Maj. Herbert)

bis 1942 auch:

LKS 5	Bernau bei Berlin (Kriegsoffiziernachwuchs)	(Oberst Frantz)

Offz. Bew. Ausb. Rgt. (Flak)	(Oberst Jakobson)
Höh. Flak-Waffentechnische Schule Halle/Saale	(Maj. Selchow)
Flak-Waffentechnische Schule I Halle/Saale	(Oberst Dönitz)
Flak-Waffentechnische Schule II Stralsund	(Maj. Schneider)
Flak-Waffentechnische Schule III Magdeburg	(Maj. Dr. Drescher)
Flak-Waffentechnische Schule IV Greifswald	(Oberst Manhard)
Höh. Kdr. der Feld-Flakartillerieschulen (Oberst Stange)	Braunschweig

Feld-FAS 11	Barth i. Pom.	(Oberst Surwald)
Feld-FAS 13	Stolpmünde	(Oberst Gürke)
Feld-FAS 15	Deep bei Kolberg	(Maj. Springer)
Feld-FAS 16	München-Freiman	(Oberst Scholz)
Feld-FAS 17	Wien mit Erdkampflehrgängen der Lw. (Flak) TrÜbPl. Malacky-Slowakei	(Oberst Gräpel)
Feld-FAS 18	Bad Saarow bei Berlin	(Maj. Höhne)
Feld-FAS 40	Gorno	(Maj. Thurow)
Feld-FAS 41	Radom	(Obstlt. Thimm)

z. Zt. außer Betrieb und stillgelegt:

Feld-FAS 12

Feld-FAS 14

Dem Höh. Kdr. nur in Ausbildungsfragen unterstellte Schulen in den besetzten Gebieten:

Feld-FAS 20	Grado	(Oberst Löbner)
Feld-FAS 21	Belgard	(Maj. Krebs)
Feld-FAS 30	Antwerpen	(Oberst Kuprian)
Feld-FAS 31	Chartres	(Obstlt. Höhne)
Feld-FAS 42	Lilaste	(Oberst Wiechert)
Feld-FAS 50	Tromoy	(Oberst Heller)

Feld-FAS 51	Kemijärvi	(Hptm. Behnecke)

Flakersatzdivision: Breslau (früher Berlin)
(früher Höh.Kdr. der Flak E. u. A. Rgter)
(Gen.Maj. v. Witzendorff)

FER 1	Bad Saarow bei Berlin	(Oberst Waldschmid)
FER 2	Koblenz	(Obstlt. Fues)
FER 3	Rosenheim	(Obstlt. Henze)
FER 4	Wolfenbüttel	(Oberst Giebner)
FER 5	Wismar	(Oberst v. Oppeln-Bronikowski)
FER 6	Wien	(Oberst Adam)

Die FER hatten bis zu 6 Abteilungen in verschiedenen Standorten.

Fliegerzieldivision (Oberst Dinort):

1. Flg. Zielgeschwader (4 Gruppen)	Straußberg/Mark	(Oberst Neudorffer)
2. Flg. Zielgeschwader (4 Gruppen)	Charleville	(Oberst Frhr. v. d. Bongart)
3. Flg. Zielgeschwader (3 Gruppen)	Schongau	(Obstlt. v. Laue)

Die Fliegerzielgeschwader besorgten die Zieldarstellung für die laufende Ausbildung und Frischhaltung der Flakeinheiten.

Verzeichnis der im Kriege aufgestellten Verbände der Heeres-Flak

Zu den in der Anlage 9 aufgeführten Fla.-M.G.-Bataillonen sind während des Krieges 1939 — 1945 aufgestellt worden:

a) **33 Fla.-Bataillone** (2 cm, später auch 3,7 cm; alle mot.);
( ) = Aufstellungswehrkreis

12	450 (II)	612
16 (XII)	601 (VI)	613 (XII)
17 (VI)	602 (XII)	614
22 (X)	603	615 (XI)
33	604	616 (X)
46 (6 selbst. Komp.)	605	617 (XIII)
47 (ebenso)	606 (XIII)	618
48 (ebenso)	607 (VI)	619 (II)
67	608 (V)	1201
208	609 (I)	
355	610	Komp. 190 (mot. trop.)
434	611	

Auch die Fla.-Bataillone 55, 59 und 66 erhielten während des Krieges nach und nach bis zu 6 Kompanien, die meist selbständig als Div.-Fla.-Kp. eingesetzt wurden und schließlich auch in 3. (Fla.-)Kp. der Div.-Pz.-Jäg.-Abt. umgewandelt wurden.

b) 12 ss. Festungs-M.G.-Bataillone:

805	810	814
806	811	815 (mot.)
807	812	816 (mot.)
808	813	817 (mot.)

c) M.G.-Bataillone:

Die meisten der im Frieden aufgestellten M.G.-Bataillone wurden im Verlauf des Krieges aufgelöst oder umgebildet, nachdem sie 1940/41 auf 2 cm Flak umgerüstet worden waren.

So wurden z. B.:

M.G.-Batl. 2	III./Pz.Gren.Rgt. 115
M.G.-Batl. 5	schw. Granatwerfer-Batl. 5
M.G.-Batl. 6	in die Pz.Gren.Rgt. der 10. Pz.Gren.Div. eingegliedert
M.G.-Batl. 8	I./Pz.Gren.Rgt. 104
M.G.-Batl. 11	Kradschützen-Batl. 36

d) 55 Heeresflakabteilungen:

Gliederung: Stab mit Stabsbattr., 2 8,8 cm Bttr. und eine 2 cm oder 3,7 cm Bttr., 1 le. Flakkolonne.

Lehr-Abt.	
Abt. Grobdeutschland	
Abt. d. Führer-Begleit-Brigade	
271	13. Pz.D.
272	19. Pz.D.
273	2. Pz.D.
274	16. Pz.D.
275	
276	14. Pz.D.
277	11. Pz.D.
278	23. Pz.D.
279	
280	
281	116. Pz.D.
282	60. Pz.Gren.D.
283	24. Pz.D.
284	5. Pz.D./18. Pz.Gren.D.
285	
286	
287	9. Pz.D.
288	5. Pz.D.
289	14. Pz.D./22. Pz.D.
290	4. Pz.D.
291	
292	
293	
294	
295	3. Pz.-Armee
296	7. Pz.D.
297	17. Pz.D.
298	6. Pz.D.
299	1. Pz.D.
300	
301	
302	10. Pz.D.
303	12. Pz.D.
304	21. Pz.D./26. Pz.D.
305	
306	
307	
308	1. Geb.D.
309	
310	
311	Pz.Lehr-Div.
312	3. Pz.Gren.Div.
313	29. Pz.Gren.Div.
314	3. Pz.D.
315	15. Pz.Gren.Div.
316	
317	
318	
319	
1052	
1255	
1256	

e) **11 Heeres-Panzerflakabteilungen:** („Kugelblitz" u. a.)
1944/45 in Aufstellung begriffen und teilweise auch zum Einsatz gekommen, meist jedoch nur in Kompaniestärke.

301	314
302	315
305	316
311	317
312	513
313	

Verzeichnis der im Kriege aufgestellten Verbände der Marine-Flak

a) **5 Marine-Flak-Regimenter (Stäbe):**

9	24
20	30
22	„Gotenhafen"

b) **88 Marine-Flak-Abteilungen:** (je 4—6 Bttr.)

3		250		709	(4 cm)
67		251		710	
126		252		711	
130		254		714	
164		260		715	
200		261		720	
204		262		730	
208		264		802	
211		266		803	
212		271		804	
214		272		805	
216		274		806	(12,8 cm; 10,5 cm)
217		280		807	(12,8 cm; 3,7 cm)
219	(10,5 cm; 3,7 cm	281		808	(10,5 cm; 7,5 cm)
221		282		809	
222		294		810	(10,5 cm)
224		310		811	
226		511		812	
227		520		813	
231		530		814	
232		627		815	
233		686		816	
234		696		817	
236		701		818	
239		702	(12,8 cm; 4 cm)	819	
240		703		820	
241		704		821	
242		705	(7,5 cm)	918	
244		706	(4 cm)		
246		708			

Verzeichnis der im Kriege aufgestellten Verbände WSS-Flak

Flak Abt. „Kdo. Stab Reichsführer SS"
Flak Abt. „Berchtesgaden" (5 Bttr.) (RAD)

Divisions-Flak-Abteilungen der Waffen-SS: 35

1. „Leibstandarte Adolf Hitler"
2. „Das Reich"
3. „Totenkopf"
4. „SS-Polizei-Div."
5. „Wiking"
6. „Nord"
7. „Prinz Eugen"
8. „Florian Geyer"
9. „Hohenstaufen"
10. „Frundsberg"
11. „Nordland"
12. „Hitlerjugend"
13. „Handschar" (Mohamedaner)
14. „Galizien"
15. „Lettland"
16. „Reichsführer SS"
17. „Götz von Berlichingen"
18. „Horst Wessel"
19. „Lettland 2"
20. „Estland"
21. „Skanderbeg" (Albanier)
22. „Ungarn"
23. „Kama" (Kroaten)
24. „Karstjäger"
26. in Aufstellung
27. „Langemark" (Flamen)
28. „Wallonien"
29. „Italien" (in Aufstellung)
30. „Weißruthenien"
31. „Böhmen-Mähren"
32. „30. Januar"
33. „Ungarn 2"
34. „Landstorm Nederland"
35. in Aufstellung
38. „Nibelungen" (Junkerschule Tölz)

Anmerkung: Ein Teil dieser Abteilungen wurde nie vollständig.

Brigade-Flak-Kompanien der Waffen-SS:

4. „Nederland" wurde Abt. 34
25.
49. kam zur Abt. 17
51. kam zur Abt. 17
„Charlemagne" (Französ. Freiwillige)

Dazu kamen noch einige weitere Brigade-Flakkompanien, die nur vorübergehend bestanden und bei Erweiterung ihrer Brigaden zu Divisionen Stämme für einige der obengenannten Div.-Flakabteilungen bildeten.

Die wichtigsten technischen Daten der deutschen Flakwaffen

	Länge des Rohres cm:	Vo m/sek.	Höchste Reichweite in Metern Höhe:	Horizontal:	Prakt. Schuß-folge je Minute:	Gewicht i. Feuer-stellung kg:
a) leichte und mittlere Flak:						
2 cm Flak 30	145	800/990	1 070	4 800	120	480
2 cm Flak 38	145	800/990	1 070	4 800	180/220	410
2 cm Flak 38 (Vierling)	145	800/990	1 070	4 800	700/800	1 700
3,7 cm Flak 18, 36, 37	330	820	1 525	6 500	80	1 950
3,7 cm Flak 43	305	840	1 525	6 500	150	1 400
3,7 cm Flak 43 (Zwilling)	305	840	1 525	6 500	300	3 130
5 cm Flak 41		840	3 050	13 500	130	3 475
b) schwere Flak:						
8,8 cm Flak 18, 36, 37	470	840	9 750	14 800	15/20	5 510
8,8 cm Flak 41	655	1 020	14 930	19 700	20	8 870 *)
10,5 cm Flak 38, 39	665	900	10 500	17 300	10/15	11 250
12,8 cm Flak 40 (ortsfest	784	900	14 800	22 780	12	14 630
12,8 cm Flak 40 (verlegefähig)	784	900	14 800	22 780	12	19 125

Anmerkung: Bei Dauerbeanspruchung lag die prakt. Schußfolge niedriger.

Neue schwere Flakrohre und neue Flakmunition, die sich bei Kriegsende in Entwicklung oder im Truppenversuch befanden

Die Anlage wurde unter Auswertung englischer und amerikanischer Informationen aus der Nachkriegszeit zusammengestellt. Sie bietet Einblicke in Entwicklungen, die nur durch das Kriegsende unterbrochen wurden; sie wären bei serienmäßiger Einführung geeignet gewesen, der Luftabwehr von der Erde aus, neben den Flakraketen, wesentlich verbesserte Aussichten zu eröffnen.

Der Flakwaffenentwicklung waren drei Hauptaufgaben gestellt:

a) Erhöhung der Anfangsgeschwindigkeiten der Geschosse und damit Abkürzung der Geschoßflugzeiten zum Ziel,

b) Erhöhung der Geschoßwirkung im Zielraum,

c) Steuerung des Geschosses auf der Flugbahn zum Ziel.

---

*) Gewicht einschließlich Panzerschutz (Schutzschilde)

In den ersten zwei Gruppen war die Entwicklung bei Kriegsende dem gestellten Ziel am nächsten gekommen, in der dritten Gruppe waren verheißungsvolle Forschungen und Erprobungen eingeleitet.

Die folgenden Tabellen stellen zugleich einen Beitrag zur positiven Beantwortung der vielfach diskutierten Frage dar: Ist die Kanonenflak heute noch zeitgemäß?

Die Vielzahl der mehr oder minder frontreifen Entwicklungen ist ferner ein Beleg dafür, auf welch breiter Ebene die Flakentwicklung vorangetrieben wurde. Zweifellos hätte man nur die wirksamsten Muster in Serienfertigung genommen.

Bei der Entwicklung wirkungsvollerer Munition mit erheblich erhöhter Anfangsgeschwindigkeit (Vo) wurden verschiedene Wege gegangen. Man konstruierte Granaten normalen Kalibers zur Verwendung aus den bisherigen Rohren, wobei den Geschossen ein kleineres Kaliber gegeben wurde (Pfeilgeschoß), oder verschoß diese Granaten zur weiteren Erhöhung der Vo aus Normalrohren, denen an der Mündung ein Futter mit der Weite des Pfeilgeschosses gegeben wurde (e. Mdg). Eine andere Lösung stellte die Ausbohrung von Rohren der Kaliber 10,5 cm und größer auf die reduzierten Durchmesser der Pfeilgeschosse dar (hier neue Rohre genannt). Als Abart waren darüber hinaus flügelstabilisierte Geschosse, die aus glatten Rohren ohne Züge verschossen wurden, konstruiert worden.

Für die neuartige Munition waren auch neue Zeitzünder (auch Flüssigkeitszünder) in Entwicklung. Weiterhin befaßte man sich mit der Konstruktion von Aufschlagzündern für Pfeilgeschosse, die erheblich einfacher und billiger zu fertigen waren; diese Umstellung war insofern berechtigt, als man bei den wesentlich schnelleren Pfeilgeschossen mit erhöhter Trefferzahl rechnen konnte.

Interessant und erfolgversprechend waren ferner die Brandschrapnell-Granaten, bei denen die Schrappnelle, die nach Zerlegung des Geschosses frei wurden, mit empfindlichen Aufschlag- oder Flüssigkeitszündern ausgestattet waren.

Die Firma Rheinmetall erzielte außerdem bei ersten Erprobungen recht gute Ergebnisse mit elektrischen (Z.A.Z. = Zielabstandszünder) und akustischen Annäherungszündern.

	Vo (m/sek) (in runden Werten)	Geschoßgewicht (kg)
8,8 cm Flak		
Modell/18/36/37 (normal)	840	9
Neue Munitionsarten:		
8,8/7,0 cm ZZ-Pfeil	1085	5
8,8/7,0 cm ZZ (e. Mdg)	1200	4,4
Modell 37/41 und 41 (normal)	1020	9,5
Neue Munitionsarten:		
8,8/7,0 cm ZZ-Pfeil	1290	5
8,8/7,0 cm ZZ (e. Mdg)	1360	4,4
10,5 cm Flak		
Modell 38/39 (normal)	900	15,9

Rohr- bzw. Munitionsmuster	Vo (m/sek) (in runden Werten)	Geschoßgewicht (kg)
Neue Munitionsarten:		
10,5/8,8 cm ZZ-Pfeil	1065	9—9,45
10,5/8,8 cm ZZ-Brand oder Pfeil-Brand	1060	9,2—9,7
10,5/8,8 cm ZZ (e. Mdg)	1130	9
10,5/8,8 cm ZZ-Brand oder Brand (e. Mdg)	1130	9
Neue Rohre:		
10,5/7,0 cm ZZ-Pfeil	1350	4,4—6,1
10,5/8,0 cm ZZ (e. Mdg)	1155	8,85
10,5/4,5 cm ZZ-flügelstabil	950	7,1—9,3
12,8 cm Flak		
Modell 40 (normal)	900	25,9
Neue Munitionsarten:		
12,8/10,5 cm ZZ-Brand oder Pfeil-Brand	1110	14,4—17,4
12,8/10,5 cm ebenso (e. Mdg)	1120	16,7
Neue Rohre:		
12,8/7,5 cm ZZ-Pfeil	1420	5,6—8,5
Modell 44/45 (normal)	930	31
Neue Munitionsarten:		
12,8/10,5 cm ZZ-Brand oder Pfeil-Brand	1235	14,4—17,4
12,5/10,5 cm ebenso (e. Mdg)	1200	16,7
Neue Rohre:		
12,8/9,6 cm ZZ (e. Mdg)	1290	14,2
12,8/9,6 cm (e. Mdg) Brand oder ZZ-Brand	1270	14,5
12,8/7,5 cm ZZ-Pfeil	1540	5,6—8,5
12,8/7,3 cm ZZ-flügelstabil	1500	6,3—7,7

Die Ritterkreuzträger der Flakwaffe

(in alphabetischer Reihenfolge Dienstgrad zum Zeitpunkt der Verleihung)

Name und Vorname	Dienstgrad zum Zeitpunkt der Verleih.	Dienststellung Truppenteil	Tag der Verleihung
Andersen (Kurt)	Oberst (Lw.)	Kdr. e. Flak-Rgt.	10. 1. 43
Anton (Werner)	Gen.Maj. (Lw.)	Kdr. 6. Flak-Div. (mot.)	18. 6. 44
v. Axthelm	Gen.Maj. (Lw.)	Kom.Gen. I. Flakkorps	4. 9. 41
Bartels	Oblt. (Lw.)	Bttr.Chef i. e. Flak-Rgt.	1944
Bauer	Major (Lw.)	Abt.Kdr. i. e. Flak-Rgt.	3. 11. 41
Baum (Adolf) † 4. 12. 42	Oblt. (Lw.)	Bttr.Fhr. i. e. Flak-Rgt.	29. 12. 42
Becker (Wilhelm)	Uffz. (Lw.)	Geschtz.Fhr. i. e. Flak-Rgt.	17. 5. 44
Berger (Heinz)	Oblt. (Lw.)	Bttr.Fhr. i. e. Flak-Rgt.	18. 4. 43
Berner (Emil)	Gefr. (Lw.)	Richtkan. i. e. Flak-Rgt.	12. 11. 42
Böhm	Hptm. (Lw.)	Bttr.Chef i. e. Flak-Rgt.	30. 6. 43
Boenicke	Gen.Lt. (Lw.)	Chef d. Gen.St. I. Flakkorps	42
Bösel (Otto)	Wachtm. (Lw).	Geschtz.Fhr. i. e. Flak-Rgt.	4. 7. 44
Bogatsch	Gen.d.Flakart. (Lw.)	Kom.Gen. d. IV. Flakkorps	44
Bonnke (Friedrich)	Oblt. (Lw.)	Bttr.Chef i. e. Flak-Rgt.	1. 1. 45
Büssecke (Gerh.)	Uffz. (Lw.)	Geschtz.Fhr. i. e. Flak-Rgt.	10. 1. 43
Buffa (Ernst)	Gen.Lt. (Lw).	Kdr. e. Flak-Div. (mot.)	23. 9. 44
Bulla (Ludwig)	Obstlt. (Lw.)	Kdr. e. Flak-Rgt.	26. 6. 44
Burchardt, Dipl.-Ing.	Gen.Lt. (Lw.)	Kdr. d. 7. Flak-Div.	?
Busch (Walter)	Hptm. (Lw.)	Bttr.Chef i. e. Flak-Rgt.	28. 6. 44
Cleve (Rudolf)	Hptm. (Lw.)	Bttr.Chef i. e. Flak-Rgt.	12. 5. 44
Corts	Lt. (Lw.)	i. e. Flak-Rgt.	8. 8. 40
Conrath	Oberst (Lw.)	Kdr. d. Flak-Rgt. „General Göring"	40
		später Eichenlaub	
Dally (Hans)	Hptm. (Lw.)	stellv.Kdr. i. e.Flak-Abt.	2. 7. 44
Deßloch (Otto)	Gen.Maj. (Lw.)	Kom.Gen. d. II. Flakkorps	4. 7. 40
		Eichenlaub	10. 5. 44
Dienhold	Oblt. (Lw.)	Bttr.Chef i. e. Flak-Rgt.	41
Dietrich (Johann)	Hptm. (Lw.)	Bttr.Chef i. e. Flak-Rgt.	12. 1. 43
		Deutsches Kreuz in Gold	16. 11. 42
Döring-Manteuffel	Oberst (Lw.)	Kdr. e. Flak-Rgt.	30. 9. 44
Eggers (Hermann)	Hptm. (Lw.)	Bttr.Chef. i. e. Flak-Rgt.	31. 8. 42
Eichmeier (Hans)	Major (Lw.)	Kdr. e.le. Flak-Abt.	1. 7. 44
Fahlbusch (Wilhelm)	Oblt. (Lw.)	Bttr.Chef i. e. Flak-Rgt.	13. 1. 42
Fischer (Michael)	Oblt. (Lw.)	Bttr.Chef i. e. Flak-Rgt.	24. 4. 43
Frantz (Gotthard)	Gen.Lt. (Lw.)	Kdr. 19. Flak-Div. (mot.)	25. 5. 43
Fromm (Walter)	Hptm. (Lw.)	Abt.Kdr. i. e. Flak-Rgt. (mot. trop.)	22. 7. 41
Gellert (Christian)	Oblt. (Lw.)	Bttr.Fhr. i. e. Flak-Rgt.	4. 7. 44
Gemünden	Wachtm. (Lw.)	Geschtz.Fhr. i. e. Flak-Rgt.	17. 10. 42

Name und Vorname	Dienstgrad zum Zeitpunkt der Verleih.	Dienststellung Truppenteil	Tag der Verleihung
Götze (Karl)	Oblt. (Lw.)	Bttr.Chef i. e. Flak-Rgt.	29. 7. 40
Graf (Rudolf)	Oblt. (Lw.)	Bttr.Chef i. e. Flak-Rgt.	11. 10. 41
Gürke (Ernst)	Major (Lw.)	Abt.Kdr. i. e. Flak-Rgt.	12. 11. 42
Haizmann (Richard)	Maj. i. G. (Lw.)	Gen.Stabsoffz. der 9. Flak-Div. (mot.)	9. 4. 43
Harras (Horst)	Oblt. (Lw.)	Flak-Abt. I./18	17. 6. 40
Hartig (Walter)	Oblt. (Lw.)	Bttr.Chef i. e. Flak-Abt.	18. 2. 42
Hecht (Max)	Major (Lw.)	Kdr. e. Flak-Rgt.	11. 3. 42
Heidrig	Oblt. (Lw.)	Bttr.Chef i. e. Flak-Abt. (mot.)	15. 11. 44
Heintze (Erich)	Uffz. (Lw.)	Geschtz.Fhr. i. e. Flak-Bttr.	11. 3. 42
Held (Felix)	Lt. (Lw.)	i. e. Flak-Bttr.	15. 4. 43
Hempel (Adolf)	Hptm. (Lw.)	Bttr.Chef i. e. Flak-Rgt.	18. 1. 43
Hentschel	Hptm. (Lw.)	stellv. Kdr. e. le. Flak-Rgt.	29. 6. 44
Herrmann (Ernst)	Oberst (Lw.)	Kdr. e. Flak-Rgt.	1. 8. 44
Heß (Ernst)	Oblt. (Lw.)	Bttr.Fhr. i. e. Flak-Abt.	2. 11. 44
Hintz (Johannes)	Oberst (Lw.)	Kdr. d. Flak-Rgt. 101 (mot.)	2. 8. 40
v. Hippel	Oberst (Lw.)	Kdr. d. Flak-Rgt. 102 (mot.)	2. 8. 40
Hübner (Arnold)	Gefr. (Lw.)	Richtkan. i. e. Flak-Bttr.	11. 3. 42
Hülsmann (Bernhard)	Uffz. (Lw.)	Geschtz.Fhr. i. e. Flak-Rgt.	31. 1. 43
Huntenmüller (Richard)	Hptm. (Lw.)	Bttr.Fhr. i. e. le. Flak-Abt.	29. 9. 44
Jäger	Oblt. (Lw.)	Zugf. i. e. Flak-Rgt.	22. 7. 41
Jansa	Oberst (Lw.)	Kdr. Flak (Sturm)-Rgt. 12	31. 10. 44
		Eichenlaub	10. 1. 45
Jentzsch	Hptm. (Lw.)	Abt.Kdr. i. e. Flak-Rgt.	11. 12. 44
Jürgens (Wilhelm)	Major (Lw.)	Abt.Kdr. i. e. Flak-Rgt.	11. 7. 44
Kolb	Major (Lw.)	Kdr. e. le. Flak-Abt.	2. 12. 41
Kompsch (Herbert)	Hptm. (Lw.)	Abt.Kdr. i. e. Flak-Rgt.	28. 3. 44
Korn	Feldmeister RAD	Meßoffz. i. e. RAD-Flak-Bttr. d. Lw.	30. 1. 45
Krause (Fritz)	Oberst (Lw.)	Kdr. e. Flak-Rgt.	9. 1. 43
Krebs (Erich)	Hptm. (Lw.)	Bttr.Chef i. d. Flak-Abt. I./11	26. 2. 42
Kron (Otto)	SS-Hpt.-Sturmf. (Waffen-SS)	i. d. Flak-Abt. der SS-Div. „Totenkopf"	8. 7. 42
Lamprecht (Herbert)	Hptm. (Lw.)	stellv. Kdr. e. le. Flak-Abt.	5. 2. 43
		Eichenlaub	25. 7. 44
Landgraf (Paul)	Lt. (Lw.)	Flak-Kampftrupp-Fhr. i. e. Flak-Rgt.	28. 1. 43
Lehmann (Paul)	Oblt. (Lw.)	Bttr.Chef i. e. Flak-Rgt.	18. 4. 42
Lichtenberger	Oberst (Lw.)	Kdr. d. Flak-Rgt. 104 (mot.)	2. 12. 41
Lipinski (Dr. Hans)	SS-Ober-Sturmf. (Waffen-SS)	SS-Flak-Abt. 18	7. 1. 45
Lotse (Christian)	Oblt. (Lw.)	Bttr.Chef i. e. Flak-Rgt.	16. 2. 42
Luckmann (Erich)	Ob.-Gefr (Lw.)	Geschtz.Fhr. i. e. Flak-Rgt.	6. 1. 43

Name und Vorname	Dienstgrad zum Zeitpunkt der Verleih.	Dienststellung Truppenteil	Tag der Verleihung
Luczny (Alfons)	Gen.Lt. (Lw.)	Kdr. e. Flak-Div. (mot.)	19. 6. 44
Lüdke (Ernst)	Oblt. (Lw.)	Bttr.Fhr. i. e. Flak-Abt.	26. 9. 44
Maifarth (Erwin)	Obstlt. (Lw.)	Hafengeneral Biserta	April 1943
		Deutsches Kreuz in Gold	Aug. 1942
Marscholek	Oblt. (Lw.)	Bttr.Fhr. i. e. Flak-Abt.	27. 11. 44
Mecke	Kpt.z.S. (KM.)	Kdr. e. Marine-Flak-Rgt.	14. 4. 43
Melzer (Reinhard)	Uffz. (Lw.)	Geschtz.Fhr. i. e. Flak-Rgt.	3. 8. 41
Menzel (Joachim)	Major (H.)	Kdr. d. H.-Flak-Abt. 277 (mot.)	17. 9. 44
Metze (Walter)	Ob.-Wachtm. (Lw.)	Zugf. i. e. Flak-Rgt. (mot.)	1. 7. 44
Muhr	Lt. (Lw.)	i. e. Flak-Rgt.	Nov. 1943
Nelke (†)	Uffz. (Lw.)	i. e. Flak-Rgt.	40
Neubert	Oblt. (Lw.)	Bttr.Fhr. i. e. Flak-Rgt.	41
Neuffer (Georg)	Gen.Maj. (Lw.)	Kdr. d. 20. Flak-Div. (mot.)	8. 8. 43
Obergethmann (Eduard)	Obstlt. (Lw.)	Kdr. e. Flak-Rgt.	3. 2. 43
Odebrecht (Job)	Gen.d.Flakart. (Lw.)	Kom.Gen. d. II. Flakkorps (mot.)	23. 9. 44
		Deutsches Kreuz in Gold	9. 11. 42
Oster (Dieter)	Oblt. (Lw.)	Bttr.Chef i. e. Flak-Rgt.	19. 12. 42
		Deutsches Kreuz in Gold	2. 11. 42
Peters	Ob.-Wachtm. (Lw.)	Geschtz.Fhr. i. Flak-Sturm-Rgt. 4	März 45
Petersen (Fritz)	Wachtm. (Lw.)	Geschtz.Fhr. i. e. Flak-Rgt.	24. 11. 42
Pickert (Wolfgang)	Gen.Maj. (Lw.)	Kdr. d. 9. Flak-Div. (mot.)	13. 1. 43
		Eichenlaub	30. 5. 44
Pielmeier (Hans)	Hptm. (Lw.)	stellv. Kdr. e. le. Flak-Abt.	5. 8. 44
		Deutsches Kreuz in Gold	20. 3. 44
Pirhofer	Ob.-Gefr. (Lw.)	Richtkan. i. e. Flak-Rgt.	20. 5. 44
Pizala (Josef) †	Hptm. (Lw.)	Bttr.Chef Flak-Rgt. 111	20. 10. 41
Polz	Ob.-Wachtm. (Lw.)	Zugf. i. e. Flak-Abt.	26. 12. 44
Prentl (Sepp)	Oblt. (Lw.)	Bttr.Chef i. e. Flak-Rgt.	30. 10. 42
Quetzel (Ewald)	Oblt. (Lw.)	Bttr.Chef i. e. Flak-Rgt.	14. 5. 44
v. Rantzau (Heinz)	Gen.Lt. (Lw.)	Kdr. e. Flak-Div. (mot.)	3. 9. 43
		Deutsches Kreuz in Gold	8. 2. 43
Rauch	Oberst (Lw.)	Kdr. e. Flak-Rgt. (mot.)	20. 12. 44
Reichwald	Lt. (Lw.)	Zugfhr. i. e. Flak-Rgt.	7. 8. 42
Reimann (Richard)	Gen.Maj. (Lw.)	Kdr. e. Flak-Div. (mot.)	7. 4. 43
		Deutsches Kreuz in Gold	21. 9. 42
Reineking (Paul) † als Hptm. 26. 6. 1944	Oblt. (Lw.)	Bttr.Fhr. i. e. Flak-Rgt.	7. 8. 43
Reinke	Major (Lw.)	Abt.Kdr. i. e. Flak-Rgt.	22. 10. 43
Rossmann (Karl)	Oblt. (Lw.)	Bttr.Chef i. Flak-Rgt. „General Göring"	27. 11. 41
Rüdel (Günther)	Generaloberst	Chef der Luftwehr	Juli 1942
Sachs (Günther)	Gen.Maj. (Lw.)	Kdr. 18. Flak-Div. (mot.)	25. 1. 45

Name und Vorname	Dienstgrad zum Zeitpunkt der Verleih.	Dienststellung Truppenteil	Tag der Verleihung
Salomon	Obstlt. (Lw.)	Kdr. e. Flak-Abt. (mot.)	6. 12. 44
Sall (Hermann)	Major (Lw.)	Kdr. e. Flak-Rgt.	8. 7. 44
Speckenheimer (Helmut)	Oblt. (H.)	Bttr.Fhr. i. e. H.-Flak-Abt.	10. 12. 42
Schäfer	Major (Lw.)	Abt.Kdr. i. e. Flak-Rgt.	10. 10. 44
Schiebau (Hans)	Oblt. (Lw.)	Bttr.Chef i. e. Flak-Rgt.	19. 11. 41
Schmidt	Gen.d.Flakart. (Lw.)	Kom.Gen. u. Bfh. im Luftgau VI	27. 2. 45
Schnatz (Helmut)	Oblt. (Lw.)	Bttr.Fhr. i. e. Flak-Rgt.	27. 10. 42
Schneider	Wachtm. (Lw.)	Flak-Kampftruppf. i. e. Flak-Rgt.	17. 2. 42
Schröder (Albert)	Hptm. (H.)	H.-Flak-Abt. 287	17. 2. 44
Schulte (Ernst)	Ob.-Gefr. (Lw.)	Geschtz.Fhr. i. e. Flak-Rgt.	1. 7. 42
Schwabach	Oblt. (Lw.)	Bttr.Chef i. e. Flak-Rgt.	3. 8. 41
Schweiger (Franz)	Oblt. (Lw.)	Bttr.Chef i. e. Flak-Rgt.	25. 2. 42
Stahel (Reiner)	Obstlt. (Lw.)	Kdr. e. Flak-Rgt.	24. 2. 42
		als Gen.Maj. Eichenlaub	5. 1. 43
		als Gen.Lt. (Lw.Kdo. Rumänien) Schwerter	18. 7. 44
Stellmann (Wilhelm)	Ob.-Gefr. (Lw.)	Richtkan. i. e. Flak-Abt.	26. 11. 42
Strohmeier (Paul)	Oblt. (Lw.)	Bttr.Chef i. e. Flak-Rgt.	23. 8. 44
Stuhlberger (Wilhelm)	Hptm. (Lw.)	Bttr.Chef i. e. Flak-Rgt.	12. 7. 44
Triebe	Hptm. (Lw.)	Bttr.Chef i. e. Flak-Rgt.	27. 12. 41
Tyroller	Obstlt. (Lw.)	Kdr. e. le. Flak-Abt.	11. 1. 43
Vorbrugg (Oskar)	Oberst (Lw.)	Kdr. e. Flak-Rgt.	7. 7. 44
Weber	Oblt. (H.)	Bttr.Chef i. e. H.-Flak-Abt.	14. 10. 42
Weise (Hubert)	Gen.d.Flakart. (Lw.)	Kom.Gen. d. I. Flakkorps	4. 7. 40
Weiß	Uffz. (Lw.)	i. e. Flak-Abt.	30. 12. 42
Weißberg	Hptm. (Lw.)	Abt.Kdr. i. e. Flak-Rgt.	20. 11. 44
Welken (Heinrich)	Oblt. (Lw.)	Bttr.Fhr. i. e. Flak-Rgt.	28. 9. 44
Wiegand (Karl)	Oblt. (Lw.)	Bttr.Chef i. e. Flak-Rgt.	18. 5. 42
Wippermann	Oblt. (Lw.)	Zugfhr. i. e. le. Flak-Abt.	30. 11. 42
Wolf (Adolf)	Obstlt. (Lw.)	Kdr. I./Flak-Rgt. 64	8. 8. 40
Wolff (Wilhelm)	Oberst (Lw.)	Kdr. e. Flak-Rgt.	4. 2. 43
		Deutsches Kreuz in Gold	16. 11. 42
Wolz (Alwin)	Oberst (Lw.)	Kdr. e. Flak-Rgt.	17. 6. 43
Zimmermann (†)	Hptm. (Lw.)	Kdr. I./Flak-Rgt. 28	März 45

Zusammenstellung:

An Angehörige der Flakartillerie wurden verliehen:

a) Schwerter zum Eichenlaub des Ritterkreuzes 1 mal

b) das Eichenlaub zum Ritterkreuz 6 mal

c) das Ritterkreuz 134 mal

Die Ritterkreuzverleihungen an Soldaten der Flakwaffe verteilten sich auf die einzelnen Wehrmachtteile wie folgt:

Heer	4
Luftwaffe	126
Kriegsmarine	1
Waffen-SS	2
Reichsarbeitsdienst	1

Anmerkung: Die Zusammenstellung dieser Anlage verdankt der Verfasser der freundlichen Hilfe von Herrn Hauptarchivar R. Absolon vom Personenstandsarchiv II des Landes Nordrhein-Westfalen in Kornelimünster, jetzt „Abt. ehemalige Wehrmacht des Bundesarchivs". — Die Angaben für das Jahr 1945 sind mangels Unterlagen nicht vollständig.

Im Vordergrund ein 3,7 cm Flakpanzer "Ostwind", im Hintergrund "Wirbelwind" (2 cm Vierling), 1944